愛與平常

一位媽媽的育己書，做一個「過得去」的母親就好

目錄

目錄

第五章　碎日子，不記下來就忘了

第六章　養育問答

跋　為另一個生命負起責任，有了盔甲也有了軟肋
　　── 最為珍貴是平常

很多時候，我用一個媽媽的天性去面對孩子，我能給孩子的只有
兩樣東西：愛與平常。尋常裡，身為父母是怎樣過日子的，每天
吃什麼，家裡是怎麼裝潢的，怎麼面對友情、關係等。其他東西
需要孩子自己去找。

序 ——
做一個過得去的媽媽就好

我認識很多既要工作又要照顧孩子的媽媽，她們總因為陪孩子時間太少而產生焦慮和愧疚。另一方面，上班時牽掛著孩子也無法全心應對眼前的工作。

現代社會強加給女性很多負擔，好像我們扮演好所有角色才會獲得所謂的幸福。尤其在城市，一個女性要在職場和家庭隨時完成身分的完美切換：穿上高跟鞋我們就是往前衝的職場麗人；繫起圍裙，我們又要做善解人意的妻子。

有一天我們當了媽媽，一整套屬於媽媽的標準又來了：妳要這樣養育孩子，妳要那樣照顧孩子的情緒，這麼做是錯的，那麼做是缺乏考慮的……處在這些漩渦裡，一個「戰鬥中」的媽媽很難不被影響和威脅。

如果我們的幸福是被他人（社會）決定的，我們就很難在這個洪流裡建立起自我。為了「正確」和「標準」，付出的代價就是，一個又一個媽媽的面目變得模糊。

可是啊，難道不是因為做了媽媽，我們才有可能去成就一個更好的自我嗎？孩子的出現應該是一個機會，一個使女人變得更完整的機會。每一位媽媽都應該過一種不被他人（社會）捆綁，也不把自己的未來和希望捆綁在他人（孩子）

序

身上的人生，同時，我們還要肯定個體內在探索的意義，而不是在養育孩子的過程裡迷失自我。

「做一個過得去的媽媽就好。」我總是這樣勸慰那些希望成為完美媽媽的女性朋友。要心安理得地接受「我是一個不完美的媽媽」的事實。除此之外，還要心安理得地休息，安排獨處的時間，熱愛這個「熱愛自己」的自己。

媽媽有屬於自己的時間，在靜默和沉思裡獲得滋養，也才能給孩子、給世界從容的微笑。是的，這是「一位媽媽的育己書」，我透過書寫，在文字裡進行對自我的探索和審視，是在很認真地「養育自己」呢。

我和幾個同為媽媽的好朋友有一個群組，群組的名字叫「老娘今天不是媽」。我們會定期聚會，有時只是一個下午茶，有時一起大吃一頓小龍蝦，又或者相約到熟識的小酒館喝上幾杯，興致來了還要在離家不遠的酒店開個房間徹夜長談。最大的一次活動，是一次為期八天的旅行。總之，活動五花八門，唯一的相同是不帶孩子，因為「老娘今天不是媽」呀。

在聚會時，我們還時不時地提醒彼此，聊天中不要提孩子，我們要談論美、文學、友誼、八卦、喜歡的明星⋯⋯總之，就像我們還是十多年前那群無所事事的少女。

當然，這所有的交談，最後都會成為對彼此的支持和滋養，鼓勵我們去做一個更好的自己。

成為一個更好的自己不是為了做個好媽媽，而是，做個好媽媽能讓我們的生命更完整。如果大家都這麼「自私」一點，很多焦慮可能就不會發生了。每個生命都是獨立的個體，每個人都只能從自我出發去考慮問題。

　　不要焦慮，要知道有很多事情可能越是用力越做不好，比如「舉止自然」，比如愛一個人。我們太容易把愛當作籌碼從而占領情感或道德的高點，以此來入侵他人的生活。放輕鬆，生活裡有太多值得去努力的事物，唯獨不需要「努力去愛」。

　　愛他人不是唯一的道路，我們還可以透過探索一種有美感的生活來成全一個更完善的自己。

　　那些可以輕易獲得的，一抬眼就在眼前的，感官的刺激，炫目的事物早已對我不構成吸引力。需要用心才能體會的細微，讀一本有挑戰的書，進行有營養的交談，不為抵達某處而開始的長途跋涉……透過這些，訓練一顆不受束縛又有覺知的心，在日常生活裡獲得滋養，擁有對抗虛無的力量。

　　每晚照顧好孩子們上床睡覺之後，我就走進書房。這是一天中最享受的時刻，有時候閱讀，有時候聽音樂，有時候寫作。「寂靜像霧靄一般裊裊上升、瀰漫擴散，風停樹靜，整個世界鬆弛地搖晃著躺下來安睡了……」也就是在這樣的氛圍裡，我寫下了我與三個孩子的愛與平常。

序

不太懂如何教育孩子，我選擇放過自己，放過孩子，也始終相信
成長是一個美妙同時又充滿自我修正和完善的過程。

第一章
一個媽媽的愛與平常

如果沒有「媽媽」這個身分帶來的豐富，我怎麼可能到今天還活得這麼興致勃勃呢。

以一顆平常心，陪孩子慢慢成長

我有三個孩子。

大女兒小練今年十歲，在她四歲那年，春日裡的一天，天氣晴好，有微風，是我生活的這座城市難得一見的好天氣。我們出門玩，她穿著我做給她的一條白色蓬蓬公主裙，太陽照在裙襬上，硬挺的空氣棉布閃著光。

小練在原地轉了個圈，抬頭對我說：「媽媽，妳看我今天穿著裙子出門，太陽就一直照在我的身上。太陽照在我的身上，這說明太陽覺得我很美。」

我看著她一臉幸福的樣子，忍不住逗她：「那等等要是太陽被烏雲遮住了，就是太陽覺得妳不美囉？」

結果她怎麼回答的呢？

「不，太陽如果被烏雲遮住了，那說明烏雲覺得我很美！」

幾年過去了，我一直記得她的回答。這些話一排列，就是一首詩：

太陽照在我身上，

這說明太陽覺得我很美。

太陽被烏雲遮住了，

那是烏雲覺得我很美。

　　我想這是一個孩子才能有的思維，也是他們這一代在父母和老師的鼓勵讚賞下才有的思維。這種對自我的完全接納，對世界的全然相信，悄悄地感動著我。

　　二女兒小素七歲了，前段日子睡前聊天，她突然從被窩裡坐起來對我說：「媽媽，我不想當女孩子了。」

　　「為什麼？」

　　「女孩子長大了要生孩子，我不想生孩子。」

　　「嗯，也不是每個女孩子都必須生孩子啊。」

　　「可是妳都生了三個孩子了。」

　　我告訴她：「媽媽生三個孩子，是媽媽自己的選擇，媽媽也喜歡孩子，所以媽媽有了你們三個孩子，你們帶給我很多快樂。但是，如果妳長大了，妳覺得妳不想生孩子，那妳是可以不生孩子的。」

　　她聽完鬆了口氣，我說完這些話也跟著鬆了口氣。在我三十九歲的時候她提出的這個問題，我真心誠意地如實回答了她。換作早幾年的我，恐怕不會這樣。和孩子一樣，一個母親的成長也是需要時間的。

　　小女孩問完沒多久就睡著了，我躺在她身邊還在想：我希望孩子們的人生由他們自己決定。他們想過什麼樣的人生，就去過，而我就做那個支持他們的人。

　　至於老三小披薩，他還是個一歲十個月的小男生，發育

比兩個姐姐晚很多，基本上還不能用語言進行正常交流。這些日子所有人都把自己關在家裡，也因此爸爸媽媽都還喊不清楚的小男生說得最流暢的三個字是「出去玩」。

這是我隨意截取的與三個孩子相處的片段，在這本書裡，有很多這樣的對話和細節。同時，在我的敘述裡，也可能會有很多碎日子裡的困頓。我盡力忠實寫下我的無望和焦慮，相信在很多年後，這些心路會呈現它更為珍貴的意義。那個時候的寧遠，應該會微笑著對現在的寧遠說：真棒，妳從來沒有迴避那些艱難的東西。

在今天這樣的時代，環境施加給每位女性的負擔，我也很難避免。我不認為要兼顧事業又要帶孩子是一件輕鬆的、只有美好的事情。我更願意說它是一件非常豐富的事情。豐富，就是有濃度、深度和飽滿度。是啊，如果沒有「媽媽」這個身分帶來的豐富，我怎麼可能到今天還活得這麼興致勃勃呢？

這些全部加在一起，才是我和孩子們的愛與平常。

我馬上四十歲了，人到中年，但內心越來越輕盈了，不管做什麼，都感覺到「隨時可以重新開始，也隨時可以結束」。

陪伴孩子，成長為更完善的自己

　　一整天的忙碌，回家晚，停車的時候隔著窗戶看見弟弟坐在臥室地上玩腳丫子，逆光下小胖子的剪影像只憨憨的小熊，我舉起手機在窗邊晃了晃，他抬頭咿咿呀呀朝我揮舞小手臂。

　　大門開了，走過去，聞聲而動的兩個姐姐穿著睡衣赤腳撲過來吊在我的大腿和脖子上，弟弟也歪歪倒倒地從屋裡竄出來，一屁股坐在不遠處要抱抱。大姐嫌我回家晚，二姐連聲追問買的演出服為什麼還沒寄到。我一邊安撫解釋，一邊抱起弟弟，他兩隻手使勁勒緊我脖子（生怕一不留神被放下），勒得我呼吸困難。

　　我的背包還挎在一隻肩膀上，車鑰匙捏在手中，手機眼看要從衣服口袋裡滑落到地上，鞋子也沒機會換，想說話，一張口喉嚨痛，才想起幾個小時沒喝水了。

　　這是平常的一天，這是一個媽媽的日常，是湧上來的，是甜蜜的負擔。

　　這也是平常的一天：

　　要帶三個孩子去動物園。早晨妹妹在門外喊「媽媽快點」的時候，我正折疊弟弟的推車，要收起來才能放進後車廂。明明賣點是「一鍵單手收車」的，關鍵時刻卻怎麼也收不起

來，初冬的天氣，穿一件襯衫忙得滿頭大汗。偏偏弟弟還不想出門，正拿著他的塑膠挖土機玩具到處跑，按都按不住。

先把嬰兒車推出去再說吧，這麼一邊想著，一邊拿車鑰匙，咦，車鑰匙不見了。玄關處翻箱倒櫃找了一遍找不到，快崩潰的時候想起臥室有一把備用鑰匙，放下推車和行李回臥室拿備用鑰匙，折回來時妹妹還在門外不耐煩地吼：快點啊媽媽！

出門看見姐姐拿著明晃晃的車鑰匙瞪著我，我說：妳拿了鑰匙怎麼不早說啊？她一邊嘟嘴一邊說：我出門時說了啊，妳忙著收車根本不聽我說的。

妹妹還在吼：再不走動物們要睡午覺啦！

一股火從胸口往外衝，最後還是壓下去了，走到車子後車廂處，用力繼續收嬰兒車（以此發洩心中怨氣），咦，收起來了。

上車，出發，姐姐妹妹嚕啦啦嚕啦啦唱著，弟弟也笑得嘎嘎嘎的。他們的壞心情來得快去得也快，只有我這個無趣的、不再喜怒於色的大人，手握方向盤兩眼直視前方，半天不想說話。

這些日子，也不是多大的麻煩，但雜七雜八的小事總把人往低處拖，就好像生活一直在彩排，正式演出永遠不會到來。

時常有人講，我們這一代的媽媽和上一輩不同，不會把自己的一生寄託在孩子身上，所以當起媽媽來更輕鬆無負擔。既要做媽媽又要做自己，既要照顧孩子又想關照自己內心住著的那個永遠不會長大的孤獨小孩，有多少人能輕鬆應對？

小時候看到「愛恨情仇」四個字就會兩眼發光，看到「苦難」就以為是吃不飽穿不暖，看到「殘酷」就浮現一把眼淚一身血汗。事實上，一個人在與庸常日子作鬥爭，在雜亂細碎的生活泥淖裡奔命的同時還能把自己拔起來，太不容易了。假如有一部書「論一位文學青年成了媽媽之後如何在與世俗交戰中贏得自我」，我一定會買來讀一讀。

「我們都努力著，向著光的方向。」我一位同是媽媽的好朋友在一篇文字裡這樣鼓勵彼此。這位好朋友和我一樣都懷揣著一顆文學少女的心，兩年前辭去光鮮的某電視臺節目總監的工作，帶著六歲調皮搗蛋的兒子旅居在大理，渴望寫出一部拿得出手的好作品。我讀她這句話的時候竟然有點難過。幾年前我也寫過類似的一句話：我們都腳踩大地，並隨時準備迎接飛翔。當了媽媽之後讀起來，心境當然是不同了。因為已經知道，有些話說出來容易，踐行它，太難。

但還是要堅持下去，畢竟我們都看見那或許微弱或許明亮的光，就在前方。正是在經歷這一切庸常，穿越泥濘的過程裡，我們才會獲得生命的廣度和深度。

孩子是上天派來的使者

翻到幾年前小練上幼兒園時記下的一些文字——

天亮了，小練睜開眼睛，第一句話就是：媽媽，妳送我去幼兒園吧。

不要高興得太早，看她接下來做什麼。

她說，我要自己穿衣服。她走到衣櫃前翻出一件冬天的外套直接套在睡衣上。我說，這是冬天的衣服，現在不能穿，會很熱。她當沒聽到，光著小腳丫在房間得意忘形了幾圈回到床邊。我要自己穿鞋子。她左腳穿上了右邊的鞋子，右腳穿上了左邊的鞋子。我說：穿錯了寶貝。她說，我就要這樣穿，就要這樣穿。

好吧，就這樣穿著鞋子披著外套上完廁所回到房間，外套不見了，不知什麼時候已經被她扔在了其他地方，好說歹說替她換下睡衣穿上正常的衣服，繼續堅持反穿鞋子下樓。

路過樓梯口的衣帽架，上面掛著一頂大紅色帶長紗巾的帽子，這是爸爸去新疆出差帶回的禮物。她順手一扯紗巾，把帽子取下戴上了，衣帽架被碰倒在一旁，這就準備出門了。

反穿鞋子的「維吾爾族小妞」和媽媽一起走到社區門口，小妞突然抬起頭：媽媽，我的小熊也要去幼兒園。噢，昨天

講睡前故事時答應過她的，要帶小熊到幼兒園，我忘記了，她卻在這個時候想起了。我說：我們明天再帶去好不好？不好，不好，不好，嗚嗚嗚……

好吧，又回家找小熊，同時趁她注意力轉移，將鞋子換過來穿好，戴紗巾的帽子悄悄取下，總算一切正常，再次出門。

又到了社區門口，她說：媽媽，我們走這邊。那是與幼兒園相反的方向。我說：幼兒園在那邊啊。她不聽，就要走這邊。這回我的耐心用完了，站在那裡，很嚴肅地說：媽媽生氣了。她一副委屈的表情，眼淚包在眼眶裡：我們走到樹林就回來好不好？我心又軟下來，知道她已做出讓步，那就互相妥協吧，拉著她走進樹林東看看西看看再折回來。

到了幼兒園，當然遲到了，已經過了早餐時間，我的工作也耽誤了。約好的雜誌編輯網路溝通文稿不得不延後，本打算上午去花市的，看來只有明天了（還不知明天她又會如何折騰呢）。回到家裡癱坐在沙發上，又累又沮喪，連站起來倒水喝的力氣都沒有。

這是她上幼兒園的第三週，和上一週的拒絕上幼兒園相比，所有發生的這一切已經輕鬆到忍不住謝天謝地。

世界上最考驗耐心的工作大約就是做兩三歲孩子的媽媽。面對這個活蹦亂跳的小東西，妳總是在和自己的心態鬥

爭，不斷跟自己說：要放輕鬆，要有好態度，不要憤怒，不要發脾氣。

當然，在妳的心被失敗和氣餒填滿的時候，這小東西又會拿出她的致命武器來吸引妳投入下一次修練和戰鬥，她用她的武器告訴妳：妳只能愛她，寬容她，接納她，別無選擇。

比如剛才，她走進書房，雙手捧著一朵從河邊摘來的蒲公英，她對著蒲公英輕輕吹氣：媽媽妳看，白色的花花，會飛哦，送給妳吧。她一邊說一邊把蒲公英放在我的書桌上，眼睛眨巴眨巴望著我，我立刻被這眼神融化了，抱起她狠狠地親了一口。

我忘記了，就在半小時前她才扯爛了一本書，把牛奶灑了一地，趁我不注意爬上餐桌偷吃了一口剛做好的辣椒醬，辣得自己哇哇大哭。

「當有人希望自己有耐心，妳認為上帝是直接賜予他片刻的耐心，還是給他一個培養耐心的機會？當有人祈求自己更勇敢，妳說上帝是應該直接給他一時的勇氣，還是給他鍛鍊膽量的機會？又如果妳希望和愛人的關係更親密，妳想，上帝是要給你們短暫的溫馨，還是給你們一個共度難關的機會？」

電影《王牌天神續集》裡，那個上帝派來的使者這樣對男主角的妻子說。那個時候，妻子因為不理解丈夫要造一條諾

亞方舟的行為而離家出走，最終因為使者的這句話回到了丈
夫身邊，和丈夫一起造船救人。

孩子也是上天派來的使者，我一點也不懷疑他們是帶著
任務來到這個世界的，他們來到這個世界的任務是：給他們
愛的人和愛他們的人一個機會，一個使彼此更完整的機會。

帶孩子去鄉下

想起九年前的自己。

在我生下第一個孩子的時候，我下定決心再也不生第二
個了。和大多數初為人母的女性一樣，看著眼前這個柔軟的
小東西，無所適從，滿心焦慮，生怕自己哪裡做得不好。我
買了幾十本育兒書，一本一本地讀，做筆記，還複習 —— 我
想給孩子最好的。

同時，因為工作，我每天有大量的時間坐在電腦前。小
練剛剛學會爬的時候，經常在我工作的時候爬到我身邊來，
敲我的鍵盤，打翻我桌上的水杯。那個時候我感覺糟糕透
了，一方面對工作被打擾感到憤怒，另一方面也對不能多陪
孩子感到內疚。我把孩子和我的工作放在了對立面，讓這兩
者互相仇視。

現在回想起來，我那個時候就是對自己不滿意，我非常

想成為一個完美的媽媽，但是又做不到。這種糟糕的焦慮的狀態是如何改變的呢？在孩子一歲多的時候，我帶她回了一趟我的鄉下老家。

一場大雨，洗落了山村裡四處飄蕩的塵沙，樹葉更綠了，小草鑽出來了，路面也變得泥濘。我牽著小練在村子裡走，是黃昏，太陽還沒下山，有雨後的彩虹。

那些凹凸不平的小路讓兩歲多的小練不知所措，儘管穿了一雙布鞋，她仍然踮起腳尖，一邊走一邊哀求我抱她。

「媽媽，抱我。」這是她來到鄉下的前幾天說得最多的四個字。

她還說：地上有螞蟻，有蟲子，有大狗，有泥巴，有垃圾……怕怕。

我說：不怕，這裡沒有垃圾，這些東西都是乾淨的，我們一起走。她就努力往前走。

第三天，她敢走了，慢慢地，還要故意把腳踩進淤泥，吧嗒吧嗒，濺起來的泥巴打溼了褲腳，她抬起頭傻傻地笑。

這場景我曾無數次幻想過。等我有了孩子 —— 很多年前我這樣想 —— 我要帶著她回到我出生長大的小山村，牽著她的小手走泥巴路，呼吸雨後的空氣，聽小鳥的叫聲，看小草怎樣春風吹又生。

我始終覺得，一個孩子，如果沒有與真正的大自然融為

一體過，將會是一生的遺憾。

又過去兩天，她敢一個人在院子裡玩很久了，外公家裡那只叫仔仔的老狗變成了她形影不離的好朋友，她會趁它不注意扯它的尾巴，會對著它說：妳過來嘛，姐姐給妳好吃的……她還摘下外公種在露臺裡的毛豆給我，撿樹枝做玩具，用泥巴搭房子，或者一屁股坐地上捉小螞蟻，蹲在雞窩旁看母雞下蛋……

有一天，我帶她去村子旁邊的小溪，看水牛在水塘裡洗澡，水牛從水塘裡出來的時候，我試著把她放在牛背上。她一開始緊緊抓住我的手，慢慢地，我感覺到她的小手越來越放鬆，一邊放鬆一邊對我說：媽媽，我不怕。

我們在這樣玩的時候，村子裡的一群小孩子從遠處跑了過來。

這是一條田埂路，只能容得下一個人通行，路的兩旁是收割完蠶豆的土地，長滿了雜草，很多小坑，是牛的腳印，裡面裝滿了雨水。

這些小孩子可不會排著隊乖乖地從小路走過來，他們手裡拿著樹枝或別的東西，咿咿呀呀地吼著叫著，你追我趕，有人在田埂路上跑，有人從後面追上來在地裡跑，有人跑著跑著就跳到另一塊地的田埂上，有人張開雙臂想像自己在開飛機。跑得最快的那個小孩子年齡大些，六七歲的樣子，

他最先跑到水塘邊，沒剎住車，一腳跨進了水塘裡，趕快收住，一隻鞋子被完全打溼，嘴裡下意識地喊了聲：糟了！

有一個小孩子居然還爬上了水塘邊的一棵樹，從一根樹枝吊到另一根樹枝，像隻小猴子。他的手和那些樹枝好像是一體的，那樹枝給予了他力量，他只是被那力量引導著。或者，就好像那些樹枝都長成了他想要「利用」的樣子，他選擇抓哪一根樹枝都是無意識的，就像呼吸一樣自然。

這群小孩就這樣由遠及近，帶著肆無忌憚的笑聲和尖叫，帶著滿身的泥土，帶著鼻涕和汗水由遠及近，像一股熱浪把我和小練包圍。

這場景我應該不陌生的，小時候我不也這樣嗎？可是此時看來，竟然那樣驚奇。我看他們從一個田埂跳到另一個田埂，從一根樹枝攀到另一根樹枝，看他們奔跑得那麼從容（像在飛），就好像有什麼東西在左右著他們的平衡，他們就是這自然的一部分，像一群小動物，對，就是接近動物的美好的本能。

小練完全呆住了，看得出她多羨慕那些在她看來擁有超能力的小孩，她多想加入他們。

半個月過去，小練在村子裡有了好朋友 —— 我家對面的小表妹，她們差不多大。每天小練都拉著我到表妹家串門，很晚才心不甘情不願地回來。她們一起餵草給小山羊，替小兔子

洗澡，當然，也要聽我講故事，這是小表妹最喜歡的環節。

有一天晚上舅舅從城裡打電話來，小練接了，舅舅在電話那頭問：要不要回來啊？小練說：不回來。舅舅問：為什麼呀？小練回答：這裡有大白鵝和表妹。

大白鵝是小練在城裡的時候最喜歡的一種小動物，當然她那時候並沒有看到「活的」大白鵝。朋友送的繪本《綠池白鵝》是一個很優美的故事，講小朋友和兩隻鵝的故事，繪本是水墨畫，裡面講到白鵝是多麼溫柔美麗。這次看到真的了，表妹家有三隻呢，所以可以想像出她的驚喜。每天這三隻大白鵝神態安詳地從我們門前走過的時候，她都跟在後面走好遠。

除了鵝和水牛，還有松鼠、大公雞、豬、小鴨子、小白兔、蠶寶寶……

除了動物們，還有長在樹上的桃子、李子，森林裡的野花和小蘑菇……

短短一個月，小練慢慢融入了山村的世界，她的膽子更大，雙手比過去粗糙，小臉蛋紅通通的，也可以慢慢保持半飛的狀態跟在那一群小孩子後面屁顛屁顛往前跑了。

兩三歲的小孩子，妳把她放在一個自由的環境裡成長，她去聽、去看、去感受，去依靠本能認知事物，我相信這種由感覺產生的對自然和外界的認知會成為她這一生寶貴的經

歷，也會幫助她今後一生的成長。

「去聽、去看、去感受」，說來簡單，可是對於城裡的孩子來說，要感受大自然幾乎是一件奢侈的事。動物們被關進籠子裡，草地禁止被踏入，路面是水泥的，花兒長在花臺裡，藍天不再藍，陽光也沒山村的那麼耀眼，就連吹進城裡的風也缺少了野性的氣息。

所以，很慶幸，我是個鄉下孩子。更慶幸的是，我長大了，還可以帶著我的女兒回鄉下。

我完全沒想到一個城市裡生長的孩子和自然之間也會有這麼天然的連接。我們在鄉下住了一個月。我本來是想為自己解壓的，事實上孩子和我都獲得了珍貴的體驗。從把孩子帶回鄉下的第一天，我就徹底放鬆了，可以說是生孩子以來第一次那麼放鬆。

老家之行讓我意識到，孩子其實並不需要一個專業的媽媽，也不需要一個專業的育兒環境，他們需要的是一個「原生態媽媽」，需要的是一個盡量尊重天性的成長環境。

我們生活在一個資訊爆炸的時代，每天的生活被大量的訊息填滿，育兒專家告訴妳各種育兒理念，新聞裡每天都有負面消息發生，我們去菜市場逛一圈回來都可能收到各種教育機構的傳單，告訴我們不能讓孩子輸在起跑點上。

妳知道嗎？當我們不知不覺被這一切包圍的時候，是很

難有一個好的心態面對孩子和自己的。這會引發焦慮，而焦慮帶來的結果就是，大家都想做得更多。大多數媽媽其實都做得過多了，一個焦慮的人總希望透過做些什麼來獲得安寧，但其實孩子不需要那麼多。

孩子和我們一樣，只有內在安寧才能獲得更深的幸福。

自由生長的生命，有多舒展

幾年前我和小練參加了朋友組織的一個丹麥教育訪學。訪學的其中一個內容是進入丹麥普通學校，和那裡的孩子們一起上學。

剛坐進這間丹麥公立學校學前班教室的時候，小練有點茫然。

老師在提問：今天什麼天氣？有風嗎？有雲嗎？你穿了幾件衣服？知道答案的孩子直接爬到了桌子上，是爬桌子，不是舉手。第一個爬上桌子的孩子自然得到回答問題的機會。有個小男孩的一隻手臂打著石膏，跳上桌子的時候有些吃力，他咬著牙，鼓起雙眼撐住桌子往上跳。

所有孩子都很興奮，不光因為爬桌子，當然還因為這兩位新來的亞洲同學。大多數孩子是第一次見到亞洲人，他們小聲對著豆芽、小練說「你好」，這是前一天剛剛學會的中文。

老師講課是用丹麥語，表情豐富，加上很多道具展示，豆芽和小練很快進入狀態。看起來這是一堂數學課，老師發給大家一張描線圖，不同的圖案表示不同的數字，學生把圖案對應的顏色塗上去 —— 其實根本不是什麼課，大家只是在玩一個好玩的遊戲。

我注意到孩子們沒有課本，去問老師：你們上課是不需要課本的嗎？老師說：有課本的，但知道今天會來兩位新同學，新同學沒有課本，所以大家決定都不帶課本。

在另一所私立學校，是真的沒有課本。早晨八點的歐登塞郊外，學前班在一個看起來像個農場的院子裡，今天的學習內容是煮飯。風吹著，冷，老師生起營火，穿很少衣服的孩子們東奔西跑忙忙碌碌，有人運木柴，有人切菜，有人爬上屋頂。鍋裡冒出熱氣的時候，太陽也出來了，老師停下手裡的工作唱起丹麥古老的歌謠，伸出雙手召喚孩子們。孩子們聽見歌聲漸漸聚攏過來，在一棵大樹下手拉手站成一個大圓圈齊唱起另一首歌，感謝大自然賜予食物，每個人臉上流淌著平和的氣息。

歌聲低迴婉轉，院子外是茫茫原野，李子樹的果實落了一地，陽光在雲層的縫隙裡探出頭。這場景很動人，那些調皮的小孩子在歌聲的指引下變得安靜，像在舉行一個真誠的儀式，心裡會生出神聖的情感。

Ann 的兩個孩子是在亞洲上學了幾年後才轉到丹麥來的，她說孩子最大的變化是到丹麥後變得愛上學了，每天都想早點到學校，放假的時候還會嫌假期太長。「他們在這裡的學習看起來就是玩。」

看起來是玩，事實上並不只是玩。霍森斯城市學校的校長講了一個詞「self-driven」，翻譯成中文應該可以叫做「自我學習驅動力」。「我們很注意保護學生的 self-driven，等孩子對表達有需求的時候才教他們讀和寫，而不是野蠻地把知識灌進他們的大腦裡。」

透過自己的經驗來促進學習的慾望，學習就變成了一件快樂的事，多麼簡單的道理。

也是基於這一點，另一所私立學校的孩子們三年級才開始寫作課。我說：這會不會太晚了？陪跟我們的老師又一次說到了「self-driven」。這一週的寫作主題是古希臘，在這之前老師已經講過很多古希臘的故事，學生們根據老師的故事自由發揮。有趣的是，孩子們不僅僅用文字來寫作，有很多還把老師的講述畫成畫。隨意翻開孩子的作業本，每一本都不一樣，旁邊的老師提醒我：這不僅僅是孩子們的作業本，也是課本，孩子們自己製作的獨一無二的課本，自己寫書。

丹麥學校也會強調自己的學習特色，他們強調的不是科目優勢，比如霍森斯城市學校的特色是對特殊學生的接納：

學校專門有針對特殊學生設置的課程和老師，幫助特殊學生克服自己的障礙，融入社會和集體生活。而歐登塞的私立學校則強調「美」的教育，學校坐落在郊外的田野裡，孩子們在自然和藝術的氛圍里長大，每一個班級擁有一座小木屋，孩子們自己裝飾生活與學習環境。在歐登塞，有一所幼兒園的特色竟然是「森林」，整個幼兒園就建在森林裡，建築被參天大樹包圍，園子裡到處是木頭製作的鞦韆、舊輪胎環繞的沙坑、樹屋、種滿南瓜和扁豆的菜地……

相對於成績，Ann 說老師們似乎更關注孩子解決問題的能力和他們是否快樂、自信、有安全感。「有一個健康的身體是第一位的，然後是熱愛生活、愛他人、與人相處融洽。」學校幾乎沒有考試，但孩子們會彈吉他、會木工、能做出可口的飯菜，這些技能總是讓孩子得到更多的掌聲。在公立學校和私立學校，我們都看見有專門為學生準備的木工房、陶藝坊、廚房，甚至鐵匠鋪。

我們在丹麥朋友安娜的家裡住了兩天。安娜家一共四個人，安娜自己在政府部門工作，丈夫是現役軍官，還有一雙兒女，朝夕相處中能感覺到平等又放鬆的家庭氛圍。每個家庭成員身上那種心滿意足的狀態非常打動人。有一天晚上聚餐，安娜的幾個閨蜜和她們的丈夫、孩子都來了，加上我們一共二十幾個人。這麼多人需要照顧，換成是我可能早就忙

得暈頭轉向了，但他們似乎一點也不焦慮，更看不出著急。夫妻倆正常上班下班，回家後慢悠悠準備晚餐，丈夫烤肉，安娜布置餐桌準備甜品。還有半小時客人們就要來了，丈夫停下手裡的工作拉上兒子去門口的草地踢球（這是父子倆每天固定的活動），這時候安娜突然想起家附近有個古堡應該帶我們去看看，馬上發動汽車招呼我們出發，等到我們看完古堡回到家裡，客人陸續到了，聚會在輕鬆隨意的氣氛裡進行……

這樣的氣氛對孩子的影響是顯而易見的，大人們在餐廳聊天，孩子們在客廳玩，偶爾有小孩跑過來，是要媽媽幫他吃掉一塊麵包——原來，客人吃不完主人準備的食物多少有些不禮貌，小孩的盤子空了才走到主人面前說謝謝，把空盤子交給主人。

在這樣的學校和家庭環境裡成長起來的孩子，究竟有什麼共同的東西呢？如果一定要用一個詞來形容在丹麥見到的孩子，應該是「舒展」吧，是生命自由生長才會有的舒展。

珍視孩子的每一個現在

孩子就是丹麥人的信仰吧。Ann 跟我講兩天前的一件小事，她參加住家附近教堂唱詩班的合唱排練，合唱團的團友

們站在草地上，遠處一個小男孩正在學騎兩輪自行車，顫顫巍巍往這邊的小道衝過來，所有團員不約而同側身注視小男孩，小心翼翼地一邊鼓掌一邊喊加油。小男孩在掌聲裡堅持了平衡，紅著臉喘著氣開心地笑著。小男孩的父親在更遠的地方大聲說謝謝。

「我們誰都不認識父子倆，但所有人都停下手裡的工作去鼓勵小男孩。這就是丹麥。」Ann 這樣說。

Ann 是成都人，丈夫是丹麥人，結婚十多年，兩個孩子，姐姐十歲，妹妹八歲。一家人在丹麥、中國兩邊跑，直到去年才選擇定居在丹麥歐登塞。問她最終選擇丹麥的理由，她回答：孩子在丹麥生活，我放鬆了，身為母親徹底地放鬆。

這次丹麥行的主要目的，是前往丹麥霍森斯考察小學教育，我帶上了五歲的女兒小練。到了哥本哈根，Ann 替我們找了一個年輕人負責開車，第一天上車，小練就收穫了司機 Jans 送的一罐糖果。Ann 說，這是丹麥人的習慣 —— 大多數司機的口袋裡都隨時準備一份小禮物，以安撫旅行中的孩子。

在哥本哈根市立博物館裡有這樣一句話：丹麥的孩子都有一顆完整平和的心靈，因為他們的童年是真正童話與歌的歲月。如今看來，這當然不僅僅是因為他們有安徒生。

這個國家的人從不說「孩子是國家的未來」，但妳會看到

時時刻刻每個成年人對孩子的那份細緻入微，他們珍視孩子的每一個現在。

　　我猜要做到這一點，需要類似信仰一樣的精神力量。但丹麥人做得如此自然，事實上，他們的成人世界裡也保留著那份孩童般的天真，每一位丹麥人都像守護夢想一樣守護童年。

　　去哥本哈根科學實驗館，不知不覺一天的時間就過去了。這裡既是課堂又是遊樂場，每一個小小的實驗都充滿了童心和創意，當然還有隱藏在背後的知識。沒錯，知識都隱藏起來了，透過遊戲悄悄進入孩子的身體、頭腦和心靈。那麼多巧妙的實驗（遊戲），假如沒有一顆孩子般的純真的心，怎麼可能設計得出來？

　　我把這感受發在社群軟體，有朋友對實驗館感興趣，問是不是有可能在國內做一個類似的，我回答：模式可照搬，精神難複製。

　　科學實驗館還有一點讓我印象深刻：這樣一個針對孩子設立的場館，進來體驗的竟然有至少三分之一是成年人，且不管是大人還是小孩，每個人都享受其中。雖然設施眾多，體驗者不少，但整個現場並不吵鬧（沒有煩人的調皮孩子），大家秩序井然，安靜平和，對迎面而來的陌生人都會露出和善的微笑。在樂高主題公園，玩得最開心的也不一定是孩子，工作人員看見身穿公主裙的小練和豆芽會作揖請安，海

盜船上鎮定自若的孩子看著呼喚吶喊的父母⋯⋯總之，大人
和孩子的界限在丹麥非常模糊。

　　單純的人從不缺乏創造力，再加上緩慢悠閒的生活給了
更大的思考空間，丹麥的設計創意始終給人耳目一新的感
覺 —— 對創新，有孩子般的好奇和一顆快樂的心實在是太重
要了。

　　想起過機場安檢通道的時候，我的女兒小練戴了個米老
鼠的髮圈，工作人員臉上笑開了花：Hello, Mickey ！等女兒
過了安檢，她又對著我喊：Hello, Mickey's mum ！

　　我望著這燦爛的笑臉愣了神，眼前這位丹麥女孩，她實
在是愛著這份工作，愛著陌生人，並且像孩子一樣開心。

　　愣神中想起一個問題：妳在培養誰的孩子？

　　一個說法是：假如妳認為孩子就是妳的孩子，那妳培養
出的就是自己的孩子，假如妳認為孩子是家族的孩子，那妳
培養出的就是家族的孩子。同理，是國家的孩子還是社會的
孩子，是人類的孩子還是上帝的孩子⋯⋯

　　妳在培養誰的孩子？

愛是與孩子的瑣碎日常

每次在社群平臺晒娃，都會有人留言說這是「騙人生孩子系列」。

孩子確實帶給我巨大的幸福和穩定感。但若有人問關於她自己要不要生孩子的意見，我通常給不出明確的答案。

甚至覺得如果不是很喜歡小孩，只是為了隨大流或迫於壓力，或者想用孩子鞏固某種關係，那還是算了吧。雖說身邊當了媽的人，不管出於何種原因要小孩，都沒有誰為自己當媽後悔，但放到我自己身上來假想一下：假如可以重新選擇，時間退回到二十多歲，我可能不會要孩子。過一種輕盈的人生，應該很不錯啊。

1

披薩有輛玩具掃街車，用他自己的話來說，和真的掃街車「一模一樣的」。每天他要抱著掃街車入睡。晚上刷完牙卻怎麼也找不到了，幾個房間翻了個遍也沒有。跟他說，明天再找，他直搖頭「不不不」。

他穿著連體睡衣，像隻小袋鼠，從一個房間搖搖晃晃到另一個房間，趴地上看床底下，挪開板凳找，打開衣櫃門翻，嘴裡一直唸著：我的掃街車，睡覺覺。他也不哭，就是

停不下來。結果呢,全家人被他的執著打動,陪著一起找,姐姐們找得呵欠連天還是找不到。

　　我突然想起中午在孩子外公外婆家吃飯,會不會忘在那裡了,趕緊打電話去問,披薩也停止尋找仰起頭看著我打電話。外公說他家裡沒有。我剛要跟披薩說外公家也沒有,外公在電話那頭說:妳就跟他說在我這裡明天送來嘛。啊,外公關鍵時刻這麼聰明!我放下電話複述了一遍外公的意思,披薩聽完認真點點頭,睡覺去了。

　　要是明天還找不到掃街車怎麼辦?全家人都睡下後,我又把家裡翻了個遍,還是沒找著。深夜十二點,我靈光一現,快步走出家門進車庫,掃街車果然躺在車後座,底部朝天,一副無辜的樣子。

2

　　在家裡窩了一天,傍晚的時候想起網購過一張野餐墊,很上鏡的那種。終於有動力招呼孩子們:走,野餐去。

　　想像中就如賣家展示圖一樣:綠樹掩映下,野餐墊擺上好看的食物和鮮花。孩子們在不遠處嬉笑玩樂,而我戴著耳機躺下來對著有晚霞的天空聽音樂,還蹺個二郎腿。

　　事實上帶四個孩子、兩條狗出門,即使非常努力,也難

做到看起來毫不費力（多出來的一個孩子一條狗是我弟小喜家的，他和他老婆小魚過兩人世界去了）。

　　準備好食物已經五點半了，出門的時候一團混亂，不是狗狗不願上車，就是哪個孩子哭訴忘帶玩具。好不容易可以出發了，又想起買了一個大西瓜沒帶，西瓜抱上車發現沒有水果刀⋯⋯到了地方跟事先約好的爸媽和文婭會合，孩子們卻只想做一件事：河邊網魚。我一直擔心小披薩跌倒在水裡，野餐墊胡亂鋪好後趕緊跑到河邊跟著。披薩倒是沒事，沒多久小狗憨憨不見了，全體人員開始滿世界找狗。

　　突然想起來今天有線上課，還好帶了 iPad，吆喝兩個姐姐停止找狗，就地上課。憨憨不見了，兩個姐姐哪裡還有心上課？我只好守在她倆中間當惡人。這時候文婭跑來說狗找不到了，我跟她說先別告訴兩個姐姐，上完課再說。

　　狗最後還是被上完課的姐姐哭著喊著找到了。帶去吃的喝的被大家瓜分完，野餐墊上撒滿食物碎屑，收垃圾清理現場用了半小時。回家的時候看見相機還躺在車裡，而我滿頭大汗蓬頭垢面，紮在牛仔褲裡的白 T 恤不知什麼時候已經全跑出來了，長長地遮住屁股，面前還滴了幾滴西瓜汁。

　　後來貝殼問帶四個小孩兩條狗什麼感覺，我都沒力氣告訴她具體情況，只回一句話：反正，也還是過來了。

3

妹妹最近在書上讀到一個詞就忍不住到處用。

天黑了我抱著弟弟牽著她去河邊玩，走著走著她害怕，抬起頭：媽媽，我有一種「不癢之感」。我還沒回話，弟弟反駁了：癢！弟弟對所有別人說「不」的事情都會反對。姐弟倆就這麼不癢，癢，不癢，一路說下去，我根本接不上話。

姐姐和我一起看電影，妹妹在一邊看書，突然抬起頭：媽媽，我想吃「寸子」。我問什麼是「寸子」，她說妳看嘛，我湊過去，書上寫著兩個大字：肘子。

我們在孩子外公家吃午飯，一田和妹妹鬧彆扭了，妹妹吼起來：別看你外表光鮮，其實內心很骯髒！

4

下班回家過了吃飯時間，小練主動表示要為我煮碗麵。雖然鹽放少了，湯加少了，麵煮糊了，我還是準備吃得一點不剩，畢竟這是養小孩以來第一次坐享其成。

煮麵的時候，她的手背被開水燙紅一大塊，坐下來一邊看我吃一邊抹牙膏。我剛吃了兩口，她湊過來說：媽媽，我擔心妳吃不完，我幫妳？我說：好。最後我們合力吃完了一碗介於乾拌麵和湯麵之間的紅油肉燥麵。

為表達感謝，我允許她今晚跟我睡，並且想幾點睡就幾點睡。在她說出「我要玩通宵」之後不到十分鐘，輕微的鼾聲傳來。轉頭一看，她手裡還捏著一本《倚天屠龍記》。

5

出版社讓我發一張和三個孩子的合照，可能用作新書封面。這才猛然發現披薩都兩歲多了，一張四人合照都沒有。

這就招呼三個孩子拍照。太難搞了，抓住這個那個跑，都抓穩了，狗跑來叫兩聲，姐姐趕緊去喚，姐姐抱回狗狗，弟弟要吃他的每日堅果，妹妹趁亂溜到河邊餵魚去了。又一次到處招呼，站好，這下披薩要大便，看見我替他脫褲子，倆姐姐嗖一下消失了……

喜哥拍了幾百張，我回家在電腦上一遍遍選，幾乎找不到一張所有人情緒都在線的。最不滿意的是自己，滿臉疲憊、油光，一看就是三個小孩的媽。

愛是一個動詞

小時候背蔣捷的〈聽雨〉，背了也就背了，意思也都明白了，心想不過如此罷了。前些天猛然在一本書裡翻到，一個字一個字在心裡默念，唸完抬頭，呆了半天。那句「一任階

前、點滴到天明」突然就像雨水，每一個字都滴答進了心裡。

「少年聽雨歌樓上，紅燭昏羅帳。壯年聽雨客舟中，江闊雲低、斷雁叫西風。而今聽雨僧廬下，鬢已星星也。悲歡離合總無情。一任階前、點滴到天明。」

有很多東西，只有妳翻越了千山萬水才能夠感知到它。對於孩子何嘗不是如此，時間和路程會慢慢使一個生命成長，讓他豐富、深邃和澄明。

社區裡有個三歲左右的孩子在騎電動玩具車，還有兩三公尺就到鐵門了，他卻並沒有打算停下或轉彎，而是徑直向鐵門開去，車速不算快。一旁的媽媽大叫：「停下來啊，轉彎啊，怎麼回事啊！」一邊叫一邊衝上去抓穩玩具車，攥緊了往一旁拉。拉住了，抱下孩子就開始嘮叨：「你怎麼回事呢，寶寶？前面有門是要轉彎的，或者停下來，不然就撞上去了呀，會撞倒的，會痛的，這樣不好，知道了嗎？」

媽媽絮絮叨叨還在說，我抬眼望孩子，一臉茫然和無辜。他嘮叨的媽媽也很辛苦的樣子，這場景要是放在電視劇裡，潛臺詞大概就是：當媽媽真不容易。

我卻出戲了，心想，要是等孩子撞上去，頂多摔下來哭一場吧，肯定不會傷筋動骨的。要是摔痛了，多好的教訓。「讀一百本植物學書，抵不上讓孩子在自然裡走一走。」說的也是這個道理。

　　沒結婚的時候，我就立下一個志向，這輩子絕不當嘮叨的媽媽，如果我希望孩子怎麼樣，那我就先怎麼樣，假使我做不到，我也不敢奢望我的孩子可以怎麼樣。教育不是嘮叨，而是做給他看。

　　每個人能負責的都只有自己的人生，想好這一點，就不會在別人的生命裡妄加干涉。我這麼想，不是不愛孩子，只是覺得「愛」是一個動詞，需要一輩子學習、修練。

　　記得有次帶小朋友逛賣場。到了賣場門口「約法一章」：不買玩具。孩子們都同意了。

　　進了賣場小素就抱著一大盒玩具要買。我說：講好了不買的。她不聽，抱起玩具一屁股坐地上。我沒管她，走了，她繼續坐在那裡生氣。

　　我走到樂高玩具櫃臺，別的孩子都在這裡玩樂高，小素也知道我們在這邊。我覺得她應該等一下自己會過來。大約過了十分鐘她還沒來，我走回剛才她坐下不走的地方，人不見了。

　　附近找了兩圈都沒有，我就一邊走一邊喊「小素，小素」，沒人回應。走了一會，一個店員把我叫住，說：妳在找孩子嗎？我說：是啊。她說：妳過來，我們這裡有一個。過去一看，專櫃深處，幾個店員圍著她，一個賣場管理人員也在。她非常淡定，見到我也沒表示出高興或委屈（事實上我

剛才經過這個專櫃時叫了她名字，她肯定聽到了）。

　　店員說，小素走到他們櫃臺求助：阿姨，我把媽媽弄丟了。阿姨們緊張起來，就問她叫什麼，媽媽叫什麼，她都回答了，但是不知道媽媽電話。店員就叫來管理人員，準備廣播，還沒廣播我就去了。

　　我帶她走的時候店員再三確認我是不是她媽（我喊的名字和她跟店員講的不一樣，而且她見到我很平靜）。現在想想，如果不發生這個插曲，她自己走過去找我應該會很尷尬（想違規買玩具耍賴不成功），現在自己給自己搭的這個臺階簡直太妙了。

　　我抱起她準備走的時候，賣場管理人員教育我：要讓孩子記得電話號碼哦。小素補刀一句說道：「媽媽只跟我說過兩次，所以我沒背下來。」

　　桑格格在她的新書《不留心，看不見》裡有首詩，是這樣寫的：「我看見了你的成長／你生命中／一次次的碰撞／卻不能為你做什麼／在那麼早的時候／我還不能叫醒你。」

　　我覺得這首詩可以送給所有想要變得更好的媽媽。

第二章
和我的孩子一起長大

　　從生下她那天起，我們就在共同成長，一個母親的成長
和一個女兒的成長，我把我的命運交給她，和她一起往前走，
坦然接受她在我的人生中造成的一切影響。

面對孩子，我有義務活得更美好

幾年前，一個早晨，兩歲的小練在書房外的陽臺上玩耍，我聽到她突然冒了句完整的話出來：「太陽出來了。」在這之前，她只會說出一些詞語。我往外看，太陽真的從稀薄的雲層裡冒出來了，微微的陽光照在樹上、屋頂上，還有她的身上，她正抬著頭對著天空發呆，孩童的認真總是那麼動人。

我停下手裡的工作，離開書桌走向陽臺，和她一起坐在地上抬頭看。這城市的天空總是布滿陰霾，而今天，有太陽從稀薄的雲層裡穿過來，我們的衣服上、頭髮上都布滿了一層淡淡的金黃。我又側身注視著女兒，看陽光下她一頭微微有些自然捲的黑髮在微風裡肆意飛舞，哦，居然有風。她發現我在看她，不好意思地埋下頭玩弄手裡的衣架了。

我趕緊回書桌寫下：

妳的出現，

柔軟了我看世界的眼神。

那些花呀草呀，

都變得生動起來。

和她去廣場上玩，拉著她出門，心裡想著此行的目的是去廣場，一路催她快走，她卻毫不理會，路上有個小石頭她

能玩上半天，碰到隻小狗迎面而來擦肩而過，她轉身尾隨，好不容易狗狗遠去了，她又要媽媽抱著去摸摸鄰居家院子牆內探出的梅花。

一開始是催她，因為慣性或條件反射般地催她，說：寶寶快點，不玩了，我們要去廣場呢。她根本不理會，在她看來，最大的事就是眼前的一花一木，我只好耐著性子陪她玩，玩著玩著竟然發現這些事還真是好玩：小石頭圓圓的，長得有意思，還可以變成工具敲打地面發出聲音；小狗對女兒很親熱，舌頭伸出來的樣子好可愛；梅花紅得好濃烈，真美。

又想：既然是為了陪她，走到哪裡不是一樣？為什麼一定要去廣場呢？誰說行走就一定是為了到達目的地呢？

帶她逛超市，她完全被上上下下的電梯吸引，坐上去又坐下來，一遍又一遍繞圈圈，才不管電梯只是一層樓到另一層樓的交通工具。為什麼電梯就不能當好玩的東西呢？坐了幾遍之後，有些不耐煩的我開始這麼問自己。她又要坐，忍住不耐煩，我拉著她先是一腳踩在電梯上，再同時一屁股坐下來，然後在電梯徐徐上升或降落的過程中，一起睜大眼睛看周遭的人和事，等到我們這一級臺階快變成平地時又一下子一起站起來，我盡力用她的眼光和感受去體會坐電梯，這才發現，還真是有意思。

如果我們以一顆單純之心去理解，嘗試著從孩子的角度去觀察，就會發現，電梯是一個好玩的東西。去觀察、去理解，而不是與她的成長過程作對，我們所需要的，是與孩子的天性合作。

孩子是在透過她的身體感知這個世界，她沒有任何經驗，沒有任何規範，一切反應都是生命最直接的反應，這是多麼珍貴的體驗。當我去觀察、去理解，我驚訝地意識到：生命中最原初的那份快樂和敏感，竟然就這麼被喚醒了。

又說回梅花，最開始，看到盛開的梅花，女兒總是要求我把花花摘下來，她想要擁有美麗的花兒的願望非常強烈。我就抱著她來到梅花前，我說：妳看，花花多美呀，讓它長在這裡吧，我們來摸它吧。她就真的去摸。我說：花花好美，要輕輕地摸呀。她就真的輕輕地摸。幾次過後，「輕輕地摸梅花」就變成了她樂於參與的遊戲，由此還發展到了輕輕摸花園裡的所有植物，摸鄰居家的小貓，摸爸爸和外公的鬍子。她摸的時候是那麼溫柔和細緻，好像她真的可以與那些事物互動和交流。

這些事情讓我意識到，不要透過權威，而要透過美感讓她感到什麼是對的，讓她從心裡生長出來對規則的理解，而不是臣服於大人的命令。比如，當孩子亂丟東西時，我首先要做的不是告訴她亂丟東西是不可以的，我會讓她認真看看

被她弄髒的地面，用我的語言和表情讓她明白，地上因為有了髒東西變得不好看了，所以亂丟東西是一個不好的行為。

要讓她感覺到在我背後存在的、比我更高級的精神力量，這個精神力量妳可以叫它真理，也可以叫它愛，或者美，或者信念，總之，是高於我而存在的。我需要讓女兒意識到：真理在媽媽和她頭頂的天空上，媽媽只是這個真理的傳遞者，媽媽不是權威。有了這種認同，我和孩子才能在這個最高真理的指引下往同一個方向去。

媽媽不是權威，媽媽也有自己的局限，媽媽也會犯錯，但我們頭頂天空上的真理一直在那裡，愛一直在那裡，美一直在那裡。

教育的第一步，是做好自己。如果我愛玩手機，我的女兒就會整天和我搶手機；如果我愛發脾氣，我的女兒就會熱衷於用極端的情緒表達意願。相反，我在一旁織毛衣，她就拿出線團坐在我身邊繞啊繞；我在做家事，她就會拿著她的小掃帚跟著我比劃；我幾乎不看電視，她也就對看電視沒有渴望。

我希望讓她感受到一個樂觀、獨立的母親形象，我有什麼我就能帶給她什麼。對於一個母親來說，快樂而安寧地生活是一種權利，也是一種義務，面對女兒，我有義務活得更美好。

我不記得我的爸爸媽媽童年曾經教給我什麼道理，但他

們在我心中都有一個恆定的印象：清晨睡意朦朧中，傳來爸爸的哼唱，他正一邊唱著歌一邊清掃院子，院子裡有他剛灑下的水，所以能聞到一股淡淡的泥土味。我的媽媽在火邊烤一個散發著甜香的地瓜給我，火光映紅了她的臉龐。這些不經意的美好，形成了我的世界裡對快樂和愛的理解。

　　所以，就是這樣，教育是無形的，教育不是妳要教給孩子什麼，教育首先必須是：施教者，妳在成為什麼。

　　因為女兒的出現，我才逐漸意識到，我過去三十年的生活，有多少是在混沌中度過的，每一天的太陽都是不一樣的，生活多麼美 —— 而我過去竟然渾然不覺。

　　秋天的時候，孩子的爸爸從鄉下帶回一隻母雞養在院子裡，一開始，女兒不敢靠近母雞，她對牠充滿了好奇，想要親近，又恐懼，伸出手想摸一摸又趕快縮回來。那之後她每天早晨起床要做的第一件事就是跑到院子裡摘菜餵母雞，先是隔得遠遠的把葉子扔過去，慢慢和母雞靠得越來越近，她在用她全部的身體和感覺去親近母雞。一段時間過後，他們成了要好的朋友，母雞見到她就會咯咯咯叫個不停，而她也一遍又一遍地叫牠的名字：雞咯咯，雞咯咯。有一天，女兒從雞窩裡撿起了一顆雞蛋，她興奮地捧著雞蛋往我這邊跑過來的一剎那，我突然就看到了二十多年前，那個早上起床撿雞蛋又不小心打碎了雞蛋難過得大哭的自己。

　　女兒是一面鏡子，照出來的是另一個被遺忘的自己。生命就是這麼不可思議，在我覺得無路可走、人生無趣的時候，上天就派來了一個女兒給我。2009 年，太多的喧譁過後，是這個小生命讓我擁有了平靜的力量。這之後，我的人生又經歷了出乎意料的改變，我很多時候覺得自己快要撐不下去了，但是一看到這張天真稚嫩的臉，又好像看到了陽光，為了面前這個小天使，我也必須明白這個道理：快樂是一種能力，要先把自己照亮，才能為他人帶來光。

　　生下女兒那天，我看著那麼一個柔軟的小東西躺在我身邊，竟然就產生了一種從未有過的悲憫，為自己，也為女兒。人生是一次長途跋涉，謝謝上天把這個小東西派來與我同行。

相信，是愛的起點

　　小練兩歲的時候喜舅舅問她：狗狗怎麼叫的？「汪汪！」又問：貓咪怎麼叫的？「喵喵！」再問：那小兔子怎麼叫的呢？「小兔子乖乖，把門兒開開……」

　　因為媽媽講了圖畫書裡狼的故事，她看到社區裡的大狗會指著說：狼。我糾正她：這是狗狗。後來去公園第一次看到馬，她又指馬為狗，大聲喊：大狗狗！

帶她回我的老家，高速公路一直向南，穿過一條長長的隧道再見到藍天時，大山就矗立在面前了，這是她第一次看見山，平原上長大的她興奮地對著車窗外大喊：哇，好大一坨山。

車子再往前，山坡上有人在騎馬放牛，她更興奮了，她說：「媽媽，我不想坐車了，我想坐牛，不，坐馬。」

她最愛吃冰淇淋，可是一個星期只能吃一次。這次是在星期天，從超市回家的路上咬完最後一口蛋捲，她抬起頭感嘆：媽媽，這個冰淇淋真是太好吃了，我差點把舌頭都一起吃下去啦。

半夜抱著小練，放下就醒，很生氣地哭，眼淚流得滿臉都是，小手緊緊抓住我的衣襟，那意思是，妳怎麼忍心啊。

我知道，這是因為前兩晚她在我懷裡入睡後我輕輕放她在床上，悄悄離開，她半夜醒來後發現身邊躺著的是阿姨。

她怕我再離開，這是讓人心痛的不相信。

她對我的依賴、需要和毫無保留的託付，又是讓人心痛的信任。我與她相處的時間不是最多，母親與孩子之間卻似乎有天然的親近。

一個生命與另一個生命之間竟有這般糾纏，每每想到，不能自已，這不能自已中還包括深深的自責。

這自責是：這世界壞掉了，我卻帶妳來。

一年多前她在我肚子裡時，撫摸肚子每天跟她講很多話，臨近產期，講得最多的是：寶寶，妳準備好來到這個世界了嗎？

如今看來，沒準備好的是我 —— 孩子相信我，我卻不相信世界。

在一個糟糕的環境裡迎接一個小生命需要多大的勇氣，所幸，那時的我是那麼無畏，現在每天與她一起成長、一起面對世界，在接納這個柔軟的小東西的同時，我也正努力讓自己變得堅硬。

每個當媽的，都是這麼走過來的吧？

成人世界裡，我們已經習慣不相信：空氣是汙濁的，水是不能隨便喝的，蔬菜是不能隨便吃的，奶粉是有毒的，人心是惶惶的，那些大人們說是真的其實就是假的。

而有時候，懷抱著來自孩子百分百的信任，在遭遇那些不相信時，又好像生出了些安慰，這世界，總還有光亮和柔軟。

在醫院體檢，一個科室到另一個科室，排隊，檢查，脫下衣服又穿上衣服，把身體交給別人，如同把自己交給命運，這感覺相當不好，我知道這也源於深刻的不相信，再好的醫療條件、再明亮的環境也抵擋不住這深刻的不相信。

從醫院出來，等了二十分鐘沒叫到計程車，路邊招手隨

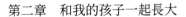

便坐上一輛迎面開來的車，行至半路雨點落下，司機大哥靠邊停車，說正好路過他家，要回家收衣服，我坐車裡等他，不熄火。五分鐘後他回來了，我們繼續往前走。

有些不可思議，這樣的信任，居然又在我毫無準備的情況下發生了。

回到家，帶著車上留下的美好感覺擁抱了孩子，拿起一本書 ──《走進生命花園》，唸給她聽：孩子坐在他的島上，一邊看著這個世界，一邊思考……孩子看到了眼淚，他想，應該學習不要害怕親吻，應該學習說「我愛你」，即使沒人對你說這三個字……

帶上孩子去旅行

從樂高樂園回酒店的路上，我用最後一口氣排隊買給小練一個冰淇淋。丹麥的藍天白雲下，她一頭黑髮甩來甩去，一邊舔冰淇淋一邊說：媽媽，這個冰淇淋好冰哦，但我心裡很暖和。

她知道我很累了，我知道她這些話包含著一點內疚。

早上九點出門，一進入樂園姐妹倆就瘋了，像兩只活泥鰍到處竄。兩人喜歡玩的設施不一樣，一個人在玩一個設施的時候另一個不願意等，人山人海怕走丟，我只好在不同設

施間跑來跑去。妹妹還要求所有設施必須陪她一起玩，偏偏我膽小如鼠，衝個浪進個鬼屋都害怕得瑟瑟發抖，又累又睏還要被驚嚇。有幾次找不到她們了，差點去問有沒有廣播尋人。幸好樂園沒有夜間場，不然真會累哭。

這次帶兩個孩子的長途旅行，最大感慨是回家要好好鍛鍊身體。精力不夠不僅累，還難看。

旅行第一天化了全妝，第二天隨便塗抹下口紅就出門了，第三天全素顏戴上黑框眼鏡遮醜，第四天沒洗頭只好全程戴帽子⋯⋯到現在，已經隨意得很好意思，很坦然，不管不顧了。同時，「做一位溫柔媽媽」的理想也被現實打敗，在從一個景點到另一個景點的路上，面對拖拖拉拉的孩子，耐心被消磨殆盡，為母則悍。

樂高樂園裡，在各種設施間穿梭的時候，我手上大包小包掛著礦泉水、外套、雨衣、裝垃圾的塑膠袋、孩子們吃剩的熱狗⋯⋯不僅沒力氣舉起相機，還見到攝影師就躲。

我發現了，只要有兩個孩子在（更別說三個了），全身就散發著中年女人氣。穿來穿去遇到訪學團的同行媽媽們，心想這也算是患難之交了，都見過蓬頭垢面的彼此。

中午吃飯的時候，旁邊有個兩歲左右的丹麥小孩在哭，在地上打滾，他媽媽一臉平靜，低頭吃東西，大約十分鐘後小孩自己停止哭鬧爬起來到媽媽懷裡了。我說：大多數亞

洲媽媽孩子一哭就會去哄的。姐姐說：有什麼好哄的嘛。我問：那妳長大了會是丹麥媽媽這樣嗎？姐姐回答：首先，我不會生這種愛哭的小孩，太煩人了。

我說：妳忘了妳小時候也曾經這樣哭過，而且妳現在也常在我面前不講理，今天我就懶得說了。就說那天離開科學實驗館的時候，大家都上車了妳還不想出門，我拉妳起身，妳還吼我。

她說了句對不起，又發了會呆，問：那媽媽妳說說我為什麼在妳面前態度就會不好，我對別人就不會這樣。

我說：因為別人不會管妳遲不遲到，也因為妳知道我愛妳，即使妳吼了我，我還是會愛妳，妳這叫恃愛行凶。

我說完這句話就後悔了，為什麼不先聽聽她的想法呢。我還是太累了，一個太累的媽媽會失去傾聽的耐心，會把好情緒忘掉。

果然，他用不友好但也不失風度的方式回應我，她說：吼妳是不太好，但妳不是都寫了本書叫「真怕你是個乖孩子」嗎？

妹妹在一邊補了一句：真怕妳是個奄奄一息的乖孩子。妹妹最近對成語很有興趣。

其實姐姐已經很懂事了，只是玩起來會忘乎所以。四年前我們兩個來丹麥的時候，她在飛機上感冒，下飛機病情加

重成中耳炎，我總把她背在背上，這次再來丹麥也是想彌補上次沒有盡情玩耍的遺憾。這趟旅行她都九歲多了，鞋碼成人三十六，個子長到齊我的耳，英語已經可以應付自如。她也做好了為媽媽分憂的準備，雖然每天都和妹妹發生衝突，但好幾次妹妹不想走路，她主動蹲下身讓妹妹趴在自己身上。

一天早晨我躺在床上，妹妹走進房間來拉開窗簾說：媽媽，天都醒了，妳怎麼還不醒。

我翻身假裝繼續睡（其實很早就醒了），瞇眼看見姐姐把妹妹堵在臥室門口，小聲又嚴厲地說：別打擾媽媽，她昨晚睡得很晚。妳，快去跟小溪和好。

原來小溪一早來我們房間玩，和妹妹發生衝突，妹妹是要來找我處理問題。

妹妹聽了姐姐的話不打擾媽媽，但並不準備和小溪和好，欲奪門而出，被姐姐攔住，沉默僵持了一會兒，妹妹再一次試圖衝破封鎖，失敗，繼續僵持。幾分鐘後，妹妹打破沉默說：好吧。姐姐說：好，去跟小溪握個手。（對著客廳）小溪，我妹妹要跟妳和好，握個手吧。

小溪在客廳說：好的。姐妹倆這就拉著手去客廳了。

行程尾聲，和姐妹倆在酒店晚餐，跟她們碰杯，我說：來來來，慶祝一下旅途圓滿。她們卻表示很遺憾，她們還想繼續。對於孩子來說，媽媽在哪裡家就可以在哪裡。但成年

人，物理空間的「家」更重要，習慣了的枕頭高度更重要。

想每天坐在電腦前半天，中途倒杯開水慢慢喝，想逛菜市場，想上廁所的時候多坐一會，想睡前看本書，想傍晚帶披薩出門散步一小時。

想回到秩序中。

陪你一起成長

因為出了兩本書都和孩子有關，常被人當作育兒專家，這實在是個誤會。

只是因為自己是個年輕媽媽，又剛巧是個寫作者。

我寫作，不是因為我知道得更多，恰恰是我有太多困惑，希望透過寫作來梳理自己，希望盡力去明白。換句話說，我寫作，是因為不懂。

也常有年輕媽媽說，能不能推薦些育兒書籍給她們。老實說，我讀得很少，只在懷孕期間讀過一些，那個時期對即將成為媽媽既期待又惶恐，生怕自己做錯什麼，所以抓到什麼都像是救命稻草。而那些書現在看來也確實只造成安慰劑的作用，當然，技術指導類的除外（比如孩子生病了應該如何照顧的）。

等到孩子來到這個世界，一切就都釋然了。一個女人因

為做了媽媽，她體內的「母性」就會被慢慢喚醒，更多時候，我只是用我身為母親的天性來面對女兒。

曾經寫下這段話：我是因為女兒才成為母親的，我必須明白這一點。我們在漫長的生命之河裡分別承擔不同的使命，我給了她生命，而她讓我成為母親。從生下她那天起，我們就在共同成長，一個母親的成長和一個女兒的成長，我把我的命運交給她，和她一起往前走，坦然接受她在我的人生中造成的一切影響。

做母親會讓一個女人從生命和自然的角度去感知世界，這是我以前沒有想到的，我想這就是所謂的「接地氣」。

對生命有敬畏，懷抱一顆謙卑的心，妳就不會狂妄到只想去教育孩子，而不打算被孩子教育。教育一定是雙方的。老實說，我覺得我教給女兒的東西太少太少，但從她那裡學到的東西卻太多太多。

更多的時候，我這個媽媽只是在陪伴孩子，並且一邊陪伴一邊竊喜：呀，我又從這小傢伙那裡感知到這個或者那個。是的，我是帶著一點點竊喜在注視著孩子，在抓住每一個機會讓自己成長。

前天和女兒從幼兒園回家的路上，她看到鄰居家院子裡探出頭的枇杷，枇杷果還是綠色的，女兒問：「媽媽，枇杷怎麼還不生呀？」

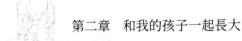

　　她以為就像媽媽懷寶寶一樣，有一天要把寶寶生下來，而樹上的枇杷不能吃就是因為還沒有生。

　　昨天她問：「媽媽，什麼叫五顏六色？」

　　「很多顏色在一起就叫五顏六色。」

　　「那為什麼不叫五顏七色、六顏八色？」

　　哦，這可是我從來沒想過的問題。這些語言和感覺是多麼美妙呀，相對而言，我們這些成年人真是愚不可及。

　　再回到寫作，做了媽媽再回看自己以前寫的文字，時常臉紅，那些小情小調無病呻吟算什麼呀，全都浮在文字表面，不是從身體裡長出來的。而如今，以一個母親的身分寫下的文字，儘管難免用情過多，難免不節制，但是每一個字都是從我心裡流淌出來的，我願意寫這樣的文字，願意寫那些在我還是個文藝女青年時所不屑的小日子。

過多的選擇會好嗎

　　「練，妳最喜歡的顏色是什麼呀？」

　　「媽媽，我喜歡藍色。」

　　「那紅色和黃色妳喜歡哪個顏色呀？」

　　「藍色。」

　　「我是說，要是在紅色和黃色中間選一個，哪個是妳更喜

歡的？」

「不，我喜歡藍色。」

這段對話發生在小練三歲時，她回答得多好。我聽到她的堅持。

執著於一件事情，往深處行才能從中獲得生命的廣度和深度，這是我過去幾十年的人生一直沒有意識到的。我總是面臨太多的選擇，在選擇面前一度認為自己是幸運的，為此得意。每一次，當我做一件事遇到困難，當我感覺不爽，就會有另外的選擇擺在面前。「她愛好廣泛，樣樣都通。」這是不少人給我的正面評價。

可是，過多的選擇就會更好嗎？

我們都有過那種經歷，想好了要買一件大約什麼樣的衣服，去百貨公司發現這樣的衣服太多了，於是進入一家又一家專櫃，試了一件又一件。也許妳逛了一整天，在疲憊中最後終於挑中了一件，可這件並沒有帶給妳滿足，妳只是不情願地拿走了一件「將就」的衣服，妳會沮喪。但是假設妳生活在一個小鎮上，這小鎮只有一家服裝店，這家服裝店某天剛好在出售一件這樣的衣服，妳一定會非常開心。

生活就是由一個又一個選擇構成的，有些時候看起來是錯誤的選擇，卻支持了妳人生的下一段旅程；有時候看來無關緊要的選擇，也幾乎決定了妳將成為什麼樣的人。

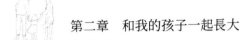

第二章　和我的孩子一起長大

　　選擇過多，並不見得是好事。我們常常會發現，身邊那些有力量的人，他們往往並不擁有世俗意義上的優秀，他們有很多毛病，他們沒有過多的選擇，只是生活選擇了他們成為什麼樣的人，而他們穩穩地接住了這被動的選擇，從而開始主動地努力和慢慢地獲得。

　　而對於孩子來說，當選擇更少時，似乎才會有安全感，也才會珍惜得到的東西。

　　我至今記得五歲那年擁有的第一個布娃娃，那是在物質匱乏的年代最美好的禮物，它簡單樸素，爸爸將它遞到我手中的時候，我感動得快要哭了。我每天把布娃娃帶在身上，走到哪裡帶到哪裡，睡覺時也抱著，它陪了我好幾年。現在的孩子，他們會有這樣長期擁有一個物品並與之建立感情的幸福嗎？

　　「因為我的童年沒有得到，所以要讓我的孩子擁有。」這是太多父母的共同心願，所以總想給孩子提供更多的物質、更多的選擇，但是，不斷地選擇並不能讓人擁有力量，也不能讓孩子幸福。

　　選擇過多，人將面對的不是物質上的精神愉悅，而是慾望，而慾望是填不滿的。

　　心理學家巴裡‧施瓦茲做過一個實驗：將一群孩子隨機分成兩組畫畫。第一組孩子可以從三支油性筆中選一支，第二組

則可以從二十四支中選一支。當一名不知情的幼兒園繪畫老師對作品進行評價時，被列為「最糟」的多是第二組孩子的作品。然後，研究者讓孩子選擇一支筆作為禮物，孩子選完後，再試著說服他們歸還這支筆，換取另外一個禮物，結果第二組孩子比較容易放棄。施瓦茲認為，這表明選擇更少的孩子不僅更專注於繪畫，而且更加容易堅持他們最初得到的東西。

　　我很少帶孩子去逛超市或吃自助餐，家裡的每頓飯菜也做得簡單（在保證足夠的營養搭配前提下）。我覺得她的力量還不足以抗衡那些花花綠綠的物質世界。

　　在藏傳佛教裡，活佛的遴選有很多步驟，其中一個是拿一堆物品在有可能是轉世靈童的面前，讓靈童自選，靈童會在一堆物品中選擇那個多半是最不起眼的，那是他的前世舊物，以此確定，他就是他。

　　我們不是活佛，我們的孩子更不是，我們都是一個又一個的普通人，但是人生的選擇與放棄，誰都需要面對。

　　我們真的了解孩子的需求嗎？

　　她說：媽媽，妳買給我一個會唱歌會講故事會跳舞的娃娃好嗎？她這樣說的時候，也許她只是想要有人陪她，而一個電子娃娃並不能幫她趕走孤獨。

　　又或者她說：媽媽，我想要一個機器人。也許她只是想要自己更強大，而事實上，機器人不可能代替她成為自己。

從小到大，小練喜歡的玩具依次是：半歲左右拿在手裡揉搓撕扯的餐巾紙，一歲時可以敲擊地面發出聲音的礦泉水瓶，兩歲時捏出各種形狀的泥巴，三歲時積木。她快四歲時，喜歡玩水，以及每週去河邊玩沙。

　　她去玩沙的時候，我就在遠處坐著，她可以一個人玩一上午，在那裡建造房子，讓小石子扮演小寶寶，摘一朵野花插在屋頂上並且自言自語：太陽出來了……走的時候還要依依不捨和沙子、泥巴說拜拜。她也對商場裡那些花樣繁多的現代玩具有興趣，但往往這種興趣並不能堅持太長的時間，一陣興奮過後就棄而遠之了。

　　仔細想想，這裡面其實有美感、快感和滿足感的區別。

　　只要有足夠的耐心陪孩子去自然裡走一走，就很容易發現孩子與自然之間那種天然的連接。我們成人千萬不要愚蠢到「幫助」孩子斷掉這種連接，用商場裡那些五花八門的塑膠玩具填充起的童年是蒼白的。

　　一個孩子每天生活在五顏六色的塑膠玩具裡，除了「太滿」，還有一點非常可怕：孩子對色彩的敏感度會越來越弱。孩子很可能會認為最美妙的色彩就是遊樂中心那些五顏六色的設施，這些東西確實比自然的色彩更奪目。在這種沒有美感沒有秩序的世界裡待久了，有一天，孩子會不會再也感覺不到天是藍的、草是綠的、花是紅的、夢是粉色的……

每個媽媽都愛自己的寶寶

大貓咪生寶寶了。

大貓咪是我家附近一片樹林裡的一隻野貓，我每週都有一兩天會和小練去樹林裡看牠。我們通常會帶些家裡的飯菜放在樹林裡那個屬於野貓們的領地，然後退到一定的距離，過幾分鐘就會有一隻、兩隻、三隻，好多隻野貓走過來吃東西。

一開始，牠們吃得很緊張，充滿戒備，後來慢慢放下武裝，放肆地吃。當然，我們還是必須和牠們保持距離，一旦超越那個讓牠們覺得安全的距離，貓們就會四散開去。

小練最喜歡貓群中一隻灰色的貓咪，這隻貓咪幾乎每次都會出現在樹林的這塊空地，牠的毛是非常好看的灰，儘管是野貓，卻一點也看不出髒的樣子。牠的叫聲也很柔和，小練替牠取名「大貓咪」，因為這隻灰色的貓咪在貓群中個子是最大的。

對生命有敬畏，懷抱一顆謙卑的心，妳就不會狂妄到只想去教育
孩子，而不打算被孩子教育。

第二章　和我的孩子一起長大

對於一個母親來說，快樂而安寧地生活是一種權利，也是一種義務，面對孩子，我有義務活得更美好。

身為媽媽，我只是媽媽，陪伴在孩子身邊的、任何時候可
以無條件給出愛的媽媽。

很慶幸，我是個鄉下孩子。更慶幸的是，我長大了，還可以帶著
我的女兒回鄉下。

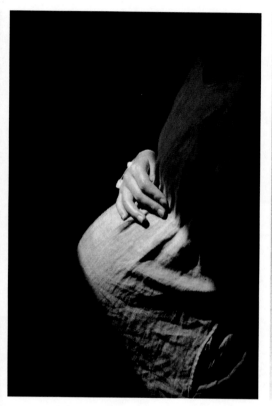

我非常希望焦慮的媽媽們都能回到常識，回到平常，不被時代束
縛，做一個放鬆又堅定的媽媽。

一個女人因為做了媽媽，她體內的「母性」就會被慢慢喚醒，更多時候，我只是用我身為母親的天性來面對孩子。

我能給孩子的只有兩樣東西：愛與平常。

教育是無形的，
教育不是妳要教給孩子什麼，
教育首先必須是：
施教者，妳在成為什麼。

慢慢我發現，大貓咪之所以大，是因為牠是一隻懷孕的貓咪，牠的肚子一天比一天大，走路也不像以前那麼輕快。有一天，我告訴小練：「大貓咪的肚子裡有好幾隻小貓咪在睡覺呢。」

小練張大了嘴巴：「啊，那小貓咪們什麼時候才從大貓咪肚子裡面跑出來呀？」

我說：「總有那一天的，小貓咪們越長越大，大到大貓咪的肚子裝不下的時候就會跑出來啦（以前她問過，她是怎麼從媽媽肚子裡出來的，我也這樣回答）。」

母親節的前一天傍晚，我還沒進屋，就聽見小練朝我大喊：「媽媽，媽媽，快來看呀，小貓咪跑出來啦。」

果然，她雙手捧著那個柔軟的小東西，像捧著這世間最珍貴的寶物，睜大眼睛抬頭望著我，想要我和她一起分享擁有一隻小貓咪的快樂。

小東西小得可憐，皮膚上只有細細的一層毛，眼睛卻睜得比小練的還大，很不安地看看我，又看看女兒。小東西的毛也是灰色的，毫無疑問，這是大貓咪的寶寶。

原來，早上鄰居董爺爺在樹林裡發現了大貓咪生下的四隻小寶寶，大貓咪不在，董爺爺把小貓咪都帶回家了，自己留了一隻，其餘的送給院子裡其他人家，知道小練喜歡，就送來了這一隻。

小練替小貓取了個可愛的名字：紅豆。這是她最喜歡的繪本裡一隻小狗的名字。

外公用紙盒為紅豆做了一個簡易的小房子，又倒了一碗專門給貓喝的奶放在一邊，小練就守著小盒子，開心得不知道做什麼好。這是五月，小房子放在客廳外的屋簷下，她和紅豆待了兩三個小時才依依不捨回到屋內睡覺了。

剛進屋，我們就聽到一陣窸窸窣窣的響聲。

返身去看，大貓咪來了！

大貓咪的嘴裡發出不同於以往的喵喵聲，紅豆在小房子裡應和著那聲音。小練也聽到了這聲音，她緊緊拉著我的手來到小房子前。

大貓咪看到有人出來，絲毫沒有要離開的意思，換作以前，與人有這樣近的距離是絕不可能的。但是現在，牠當著我們的面，跳上了小房子的頂部，一陣翻騰，想要接近牠的孩子。

我走過去打開房子的門，大貓咪馬上鑽了進去，小房子太小，母子倆擠在一起，紅豆尋找了一會兒，竟然咬住了媽媽的奶頭。

然後，大貓咪和紅豆都安靜了下來，牠們不再喵喵喵，只聽見紅豆滿足的吮吸聲。

我也安靜了，就好像身體裡的哪個開關被打開了，毛孔

張開，裝滿了溫柔的感情。眼前這畫面多熟悉啊，小練幾個月大的時候，我們也這樣。

小練抓著我的那隻手卻捏得更緊了，她先是和我一起看著面前這對母子，過一會兒突然問：「媽媽，大貓咪會把紅豆帶走嗎？不能讓牠走，不能讓牠走。」

「寶寶，大貓咪想牠的寶寶了哦，就像媽媽想妳一樣。」

「不不不，不能讓紅豆走！」她哭了。

「大貓咪只是來給寶寶餵奶吧，餵完就會走的吧。」

這句話剛說完，就看見餵完奶的大貓咪用嘴叼起紅豆，牠準備帶孩子離開。

「不，那是我的紅豆，不許走！」小練嚎啕大哭。

外公聽到哭聲跑了出來，他跺腳嚇唬大貓咪，大貓咪幾乎是本能反應，放下了紅豆，但還是站在原地，沒有要走的意思。這個時候的大貓咪，嘴裡發出的聲音是顫抖的，恐懼中又帶著挑釁。外公把紅豆放回小房子裡，封好上面的蓋子進屋去了。臨走時留下句話：這樣也好，每天來餵點奶，小貓長得好些。

小練還在哭，大貓咪趴在小房子外，繼續叫著。隔壁董爺爺聽到了，出來對著我家喊：「貓很有靈性，剛才在我家餵完了我們這一隻，又找到妳家去了呀。平時只敢躲在樹林裡，當了媽膽子大得很哦。」

　　我懷裡抱著小練，心裡亂糟糟的，一邊安慰她一邊拉著她進屋，她卻仍然不放心，問我：小房子會不會被大貓咪弄壞了。我說：不會的。

　　大貓咪還在門外，我心裡還是亂糟糟的。

　　我想，應該跟小練好好談談，我把她拉到她的房間，換好睡衣坐在床上，跟她談話。我說：「寶寶，媽媽愛不愛妳？」

　　「愛。」

　　「那大貓咪愛不愛紅豆？」

　　不回答，哭。

　　「大貓咪是紅豆的媽媽，她很愛紅豆，她想和紅豆在一起是不是？」

　　不回答，繼續哭。

　　「紅豆想跟大貓咪在一起，就像寶寶喜歡跟媽媽在一起，是不是？」

　　不回答，繼續哭，但是哭聲小了些。

　　我換個方式：「寶寶是不是非常喜歡紅豆？」

　　哭著回答：「是。」

　　「妳喜歡的紅豆要是找不到媽媽會難過的。」

　　不說話，繼續哭。

　　不忍心再說什麼了，對於一個三歲多的小女孩來說，這

些問題是不是太重了，我想。愛的豐富和複雜，她理解起來並不容易。

講繪本故事給她聽，一邊講一邊向她保證，紅豆還在小房子裡，她終於很不情願地睡著了。

我也該睡了，可是心裡還是亂糟糟的。起身，下樓，出門，大貓咪不見了。也許她去找另外兩個孩子去了，找到了嗎？如果找到了，牠是不是又要面臨剛才的一幕，如果沒找到，牠會不會再回來？如果再回來，還是只能隔著小房子聽到寶寶的叫聲，牠該有多難過？

想到這裡，我打開了小房子上面的蓋子，然後，心裡亂糟糟地，也躺下睡了。

第二天一早，小練比我先醒來，她似乎是有預感，遲遲不願起床出門，好像知道只要出了門，就得去面對什麼。

我牽著她來到門外，紅豆果然不見了。她注視著沒有蓋子的小房子，沉默了幾秒鐘，抬起頭很悲傷地說：媽媽，紅豆和牠媽媽走了。

奇怪的是，她再也沒有大哭，她只是說：我會想紅豆的。我之前準備好要跟她講的話全都講不成也不用講了，我本來想告訴她：媽媽很愛自己的寶寶，所以看到別的媽媽不能跟寶寶在一起就很難過，所以昨天晚上打開了蓋子……

什麼都不用講了，她好像一夜之間長大了許多。我想我

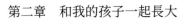

低估了面前這個小女孩，昨天夜晚她看到的一切，其實已經在她心裡產生了影響。生活的真相，愛的本質，成長的陣痛，所有這一切，悄悄地，又實實在在地從這個小女孩心裡經過。

是的，她再也沒有大哭，我卻悄悄流淚了。

做個旁觀者也很好啊

幼兒園兒童節才藝表演，小練戴著一朵大花第一個出場。注視著她低著頭走到舞臺中間，我好驚訝，以為她是主演呢。音樂響起，她就站在那裡一動不動，昆蟲啊微風啊從她身邊經過，在她旁邊發生故事，而她，一直到節目結束也一動不動……每個小朋友都要上臺，而她只是演一朵花。

但她演得多麼投入和認真呀。

才藝表演結束，親子園遊會開始，我帶著小練趕到的時候操場上已經擠滿了家長和孩子。

領到一張卡片，在卡片上蓋滿八個章就可以得到今天最大的禮物，操場上有八個遊戲點，做完一個遊戲就能蓋上一個章。

家長們帶著孩子在各個遊戲間穿梭，「快點快點，加油加油」，周圍全是這聲音。身邊穿過一位老人拖著兩三歲的孫

子，老人走得快，孩子摔了一跤，老人乾脆抱起孩子就往遠處跑，遠處是投籃的遊戲，投進五個小球進一個籃子裡可以蓋一個章。

這場面太熟悉了，我小時候也在學校玩過，趕緊不假思索拉著小練也跟著老人跑。

小練使勁拉著我的手站在原地不動。

「哦，為什麼不想去呢？」

「就不去。」

「那我們玩別的遊戲好不好？」

「不，都不玩。」

大約是來晚了有些不適應？或者從來沒經歷過這麼熱鬧的場面，有點不習慣？準備像那個老人一樣抱起孩子融入人群，低下頭卻看到她執拗的眼神，心一下子柔軟了，索性盤腿坐在操場邊攬她入懷，她就睜大眼睛看那些跑來跑去的家長和孩子。

有小練班上的同學看到我們，跑過來，身邊的家長說：「還不快去做遊戲呀，我們都蓋了五個章囉。」說完家長拖著孩子離開了。

小練的老師也來說：「練練，快來玩遊戲哦，好好玩的。」

小練始終坐著不動。

我不催她，就這麼坐著，和她一起看，慢慢覺得其實坐在這裡當個旁觀者也很好啊。

半小時過去了，操場上的人少了些，小練指著已經空了的一處遊戲點：我們去那裡。

那裡是「釣魚」的遊戲，盆子裡放著很多紙做的魚，每條魚的嘴上有一個金屬別針，小朋友會領到一根釣竿，釣竿的釣線上有一小塊磁鐵。釣到五條魚就可以蓋章了，這是個簡單的遊戲。所以小朋友們很快完成任務離開了。

小練很快釣起五條魚，我把卡片給老師蓋了章，說：「小練，我們去下一個遊戲吧。」

「不去，魚還沒釣完呢。」

噢，可不是嘛，盆子裡還有好多魚。

我就坐在旁邊看著她一條一條地釣起盆裡的魚，小女孩好專注，釣起一條開心地朝我笑笑，又低下頭繼續。

等到盆子裡的魚全部釣完，我們抬起頭，操場上已經沒什麼人了，天氣冷，大家蓋完八個章領完獎品都擠進了大廳。

捏著只蓋了一個章的卡片拉著小練往大廳走，她又在一個地方停住了。這裡是採蘑菇的遊戲，地上很多紙蘑菇，一旁放了幾個籃子，負責這個遊戲的老師已經走了。小練抬頭說：媽媽，我要撿蘑菇。

好吧，我蹲下來狠狠地親了一口這張凍得紅撲撲的小

臉，和她一起撿蘑菇。

好多蘑菇，寒風中一個一個地撿，撿完所有的蘑菇，我們成了最後一對離開學校的母女。

離開學校的時候，只領到一瓶礦泉水，一個章換來的。

這小女孩啊，礦泉水緊緊抱在手裡，舞臺上那朵大花也捏著。

我緊緊抱著她，說：我們回家吧。

面對孩子，我也有無助的時刻

我和貝殼帶著三個小女孩走在河邊，河對面是二姨的菜地，小女孩都提著籃子，要去對面菜地摘豌豆。春夏之交的河堤鋪滿了綠色，前方就是連接對岸的小橋了。小女孩們走走停停，偶爾蹲下來採野花，在微風裡她們快活無比。

快到小橋的時候，小樹下站著一隻吃草的白色山羊，小練第一個跑上前跟羊打招呼：小羊小羊，咩咩咩，我們可以跟你一起玩嗎？小溪和小素也跟了過去：咩咩咩，我們可以跟你一起玩嗎？羊抬起頭看了看小孩們，又低下頭吃草了。

貝殼說：你們餵小羊吃草吧。好啊好啊！三個小孩迅速在河邊摘下最嫩的青草陸續遞到羊的嘴邊，羊也不怕生，咔嚓咔嚓吃起來。

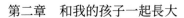

　　和羊在一起的時間過去大約十五分鐘，還必須摘豌豆回家做午飯，我們催促孩子們該過橋了。小練捨不得走，我說等我們回來還可以餵牠吃豌豆呢。聽我這麼說，大家就走上橋往對岸去了。

　　摘豌豆的時候，對面草地傳來慘叫聲，羊被狗咬了。

　　首先是孩子們在驚呼：啊！大狗在咬小羊！抬頭看去，一隻大狼狗正尾隨慘叫的羊，羊腳上拴了繩子，只能圍著小樹轉圈圈。大狼狗的身後是三個男人，其中一個還拿著一把明晃晃的刀，看起來，狼狗咬羊是得到了主人的示意。孩子們已經在尖叫了，兩個媽媽也朝對面大喊：不要這樣，你們管一下啊。三個男人奇怪地往對岸看了兩眼，拉開了狼狗，隨即又解開了羊的繩子 —— 原來他們同時也是羊的主人。

　　他們今天要宰羊，就在這河邊，就在小樹下，就在我們的孩子面前。

　　暫時獲得自由的羊想離狼狗遠些，牠開始奮力奔跑，但一隻腳已經不聽使喚，估計被狼狗咬斷了。在牠奮力準備跑的一剎那，狼狗又撲了過去，羊的慘叫又傳到了對岸孩子們的耳朵裡。三個男人正埋頭整理宰羊的工具，聽到孩子們更大聲的尖叫才吼了一聲狼狗。我和貝殼憤怒了：怎麼回事，管一下狗啊！

　　這憤怒準確來講是憤懣，羊是他們的，狼狗也是他們

的，在這河邊宰一隻羊也不犯法，周圍還有三五個路人也沒覺得這是件應該憤怒的事。見我們情緒激烈，三個男人牽著狼狗拖著羊往樹林方向走了。

「媽媽，我們回家吧。」小練說。

過小橋，原路返回，卻沒想到在返回的路上撞見了掛在另一棵樹上的已經死去的羊。

三個小孩都看見了，地上一攤血，狼狗不見了，羊倒掛在樹枝上，嘴張得很大，眼睛也睜著，整個表情還停留在驚恐的瞬間。三個男人只剩下一個在收拾殘局。小練就要哭了：「媽媽，都怪妳要先摘豌豆，不然羊還能多吃些我們的青草……」小素和小溪兩個小小孩還是茫然的，附和了幾聲姐姐就被別的事情轉移了注意力，只有小練一直很低落。我和貝殼除了嘆氣，也說不出什麼。

晚上，睡前故事後，三歲的妹妹很快睡著了，小練還睜大眼，翻來覆去，坐起來說：「媽媽，人不應該吃羊，狗也不應該咬羊，我再也不吃羊肉了，也不吃雞肉，也不吃兔肉，也不吃豬肉，牠們都太可憐了。」

我不知道應該怎麼回答她、安慰她，有些問題，媽媽也不知道答案。

「小練，我也很難過……可是，睡覺吧，晚安。」

生而為人，沒有信仰，不是素食主義者，我承認此刻我

的無力。

被繪本改變的生活

　　講故事給孩子聽這件事可能是我身為一位媽媽堅持得最好的一件事。

　　有時候讀故事，有時候自己編故事，有時候回憶小時候的故事，也有的時候實在講不出什麼了，就複述小時候聽爸媽和奶奶外婆講過的故事。

　　每晚臨睡前，小傢伙們最期待的事情就是把自己洗得乾乾淨淨躺在床上，等著媽媽走過來，問：今天妳們想聽什麼故事呀？

　　媽媽講著講著就睏了，回頭看，孩子們已經睡著了。美好的故事早已進入了她們的夢裡。

　　有時候讀著讀著就把自己讀睡著了，迷迷糊糊中聽到兩個小東西在旁邊說：寶寶乖，寶寶睡覺了哦。有時候讀著讀著就把兩姐妹讀哭了，繪本裡的主角受到傷害了，她們說：媽媽妳改一個結尾。於是我們一起建構一個圓滿大結局。更多的時候，我們讀得一起捧腹，妹妹喜歡講屎屎屁的繪本，姐姐和我就一邊聽一邊摀著鼻子哈哈大笑。還有的時候，同一個故事讀到差不多一百遍的時候，妹妹就可以自己講了，

她拿過書一邊讀一邊說：媽媽，快錄下來！

尼采說，我們擁有藝術，所以不會被真相擊垮。

妹妹幾年前出生的時候，姐姐只有兩歲多。那個時候姐姐每天最盼望的時間是臨睡前的半個小時，因為這半個小時，媽媽會把妹妹扔在一邊，陪她讀繪本。

妹妹長到一歲多的時候也加入了讀繪本的行列。昨晚先讀了妹妹選的，今晚就先讀姐姐喜歡的，上週姐姐幫助媽媽讀故事給妹妹聽，這週媽媽就要多讀一個故事獎勵姐姐。到現在，她們已經不需要媽媽每天讀故事了，更多的時候，我們三個人，一人一本書，她們讀她們的，我讀我的，有時候姐姐有不知道的字會來問我，而妹妹呢，不認字根本沒有關係，她開始自己編故事給小狗小熊聽。我們在一個空間裡，擁有彼此，又獨立安然。

如今小披薩兩歲多，別看我們讀故事的時候他一副不搭理人的樣子，一個人在旁邊玩他的車車。過幾天，他就能冒出繪本故事裡某個角色的語言，還學得有模有樣的。

孩子回饋給大人的永遠超過大人付出的，包括讀繪本。幾年下來，幾百本繪本，這樣每晚讀啊讀，生命裡好多沉睡的美妙都被喚醒了，我也像個孩子一樣，透過繪本看世界，透過繪本走進真正的生活。

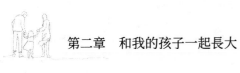

第二章　和我的孩子一起長大

第三章
我們養育孩子，也培養自己

　　要心安理得地接受「我是一個不完美的媽媽」的事實。
除此之外，還要心安理得地休息，安排獨處的時間，熱愛這
個「熱愛自己」的自己。

我不是一個完美的媽媽

　　幾年前一位朋友帶著她的兒子來我家，她的兒子三歲多，和小練正好可以一起玩。我們好幾年沒見面了，有很多話想說，又差不多同時當了媽，講起孩子自是投機。我找出家裡的一堆玩具讓兩個小孩玩，我們就坐在旁邊喝茶聊天。

　　可是，聊天的過程並不順暢，她的兒子和小練不時會出現一些摩擦，她總忍不住要去管理、參與和干涉。即使兩個小孩沒有摩擦，玩得很愉快的時候，這位媽媽也無法集中精力和我交談，她對我說出的很多話都只是應付，一直在分神關照旁邊的孩子。

　　比如，我正說著話，她突然哈哈大笑對著兒子豎起大拇指：兒子你好厲害！原來，她聽到了她兒子和我女兒的對話。小練說：我長大了會長到樓頂那麼高。她兒子接過去：我長大了會長到天上那麼高。聽到男孩子得到了表揚，我女兒趕緊說：我長大了要長到那麼那麼那麼那麼高。她笑得更大聲了：妳也好厲害！

　　我跟她說，我們好不容易見一次面，好好聊天不好嘛，小孩子自己玩，出了問題他們自己解決不好嘛。她哈哈笑著說是，可是過了一會兩個孩子鬧彆扭了，她又走過去當起了裁判。待在我家的三四個小時裡，我至少聽到這位朋友問兒

子五到六次：你錯了沒有？而每一次，就像是條件反射，兒子張口就來：我錯了。

比如，她的兒子搶走了我女兒的玩具，女兒哭了，她立刻走過去：寶寶，不能搶妹妹的禮物，你錯了沒有？兒子回答：我錯了。再比如，兒子不好好吃飯，把湯匙扔到地上玩，她撿起來，問兒子：錯了沒有？兒子回答：我錯了。

這一遍一遍的「我錯了」，是不假思索的應付，不是表達，更不是交流。我覺得一個小小男子漢，動不動就跟人說我錯了，挺傷自尊的。我說：我家小女孩都很少說我錯了，除非她真的覺得她錯了。她說：我兒子就是很聽話。

又過了一會，兒子摔倒了，她兩秒鐘之內就衝了過去抱住兒子：兒子，不哭不哭。她兒子還沒有哭呢，她這麼一說，果然哭了。她又不停地跟兒子講道理，講些小男孩要勇敢要堅強之類的話，這讓兒子哭得很不連貫。

飯後不久，兒子說：媽媽我要上廁所。她立刻做出驚喜的表情：兒子你好棒，天天都能主動要求自己上廁所！女兒聽了她的表揚，湊到我身邊：媽媽，我也要上廁所……她說這叫「賞識教育」，從小鼓勵孩子，孩子長大會更自信。我不贊成，取笑她：妳兒子拉個屎妳都要表揚。她卻說我太落後。

這位朋友以前有在上班，生了孩子之後回家當起了全職媽媽，她沒什麼愛好，帶孩子幾乎是她生活的全部。看得出

她對自己的表現相當滿意，她還介紹了好幾本育兒書給我，國內國外的都有。

離開我家的時候我問她：帶孩子辛苦嗎？她一臉凜然的樣子說：辛苦啊，但有什麼辦法，孩子長大點就好了吧。她小時候自己和父母離得遠，在外婆家長大，她說，自己童年缺失的，沒有擁有的，都要讓孩子得到。

「當一個過得去的媽媽就可以了吧。」我勸她。她笑說：「妳呀妳，一點都不求進步。」到了門口，她抱起兒子回過身說：「兒子，跟阿姨說再見。」兒子乖乖地說了聲再見，她滿意地親了兒子一口，轉身走了。她自己倒沒說再見。

他們走遠了，她兒子乖巧的樣子卻一直在我眼前揮之不去，不知怎麼就有些心疼，心疼他碰到這樣一位熱衷於「教育」的媽媽。

我不是一個完美的媽媽，不太懂如何教育孩子，我選擇放過自己，放過孩子，也始終相信成長是一個美妙同時又充滿自我修正和完善的過程。很多東西，依靠「教育」是不可能獲得的，就像如果孩子摔倒了，妳不給他體驗疼痛、戰勝疼痛的機會，他最終如何明白什麼是堅強？

我想，好的教育應該至少有一個標準吧，那就是參與者（施教和受教雙方）沒有感覺到教育的存在，但它卻實實在在地產生了作用。換句話說，我還不太清楚好的教育應該是什

麼樣子，但我知道壞的教育是什麼樣子。

在我不確定哪種教育方式更好的時候，我寧可選擇什麼也不做，我就做一個過得去的媽媽就好。用一個媽媽的天性來面對我的孩子，就像我那沒有上過一天學的媽媽面對我一樣。我的媽媽，她沒看過什麼育兒書，但如今看來，她很多時候無意識地與我的相處，影響了我成為今天的我。她首先是一個好女人，然後才是我的好媽媽。嗯，我的意思是，我對今天我的樣子還比較滿意。

做了母親，我的感悟就是要不斷地自我修練、自我提升。如果我沒有做到，我不知道應該如何讓孩子做到。如果我做到了，我不需要讓孩子去做到，因為她已經看到了該怎麼去做到。

我能給孩子的只有兩樣東西：愛與平常。尋常日子裡，身為父母是怎樣過日子的，每天吃什麼，家裡是怎麼裝潢的，怎麼面對友情關係等。其他東西需要孩子自己去找。

我也不想填滿孩子的生活，我想給他們很多空白。我也有我自己的生活，我也想要我自己的空白。

我非常希望焦慮的媽媽們都能回到常識，回到平常，不被時代束縛，做一個放鬆又堅定的媽媽。

做自己很重要，對於跟孩子相處，對於培養孩子也是非常重要的。當我們想做很多事情又不知道做什麼的時候，我

覺得最好的辦法可能是什麼都不要做。當然不做什麼可能比做點什麼要難得多，這個需要每一個媽媽更多的定力、更多的決心。

偶爾不做媽媽，做自己

　　幾年前的我一定想不到，有一天會如此希望擁有屬於一個人的獨處時間。從十多歲的時候開始頻繁轉學（父親希望我上他能找到的最好的學校），總是在進入新環境，沒什麼朋友，整天無所事事，計算距離放假的日子，害怕看見黃昏時分的天空，唯一盼望的事情是：快點長大。那時候害怕一個人待著，每晚躺床上就幻想著自己有一天會談戀愛，結婚，生孩子，自己構思一部小說直到睏勁襲來。

　　後來的人生也果然就是小說裡構思過的，只是心境有些不一樣了。如今身為兩個孩子的媽媽，又覺得多麼需要擁有絕對的靜默時刻。要知道放空自己對於被生活填滿的媽媽有多重要，以及，獨處時由內心生出的溫暖和平靜對於一個被日常瑣事占據的主婦是多大的治癒。

　　媽媽們大概都有這樣的體驗：跟孩子待久了，自己去蹲馬桶就是放鬆，所以每次時間都會很長，廁所門一關先長舒一口氣。我一個朋友是個四歲小男孩的媽媽，她說她每天至

少用半小時的時間來洗澡，這是她最放鬆的時刻，根本不捨得走出淋浴間。

在家裡待久了，會覺得出差就是休息。出差的最大好處是：妳現在是一個人了。獨處會帶來自由的感覺：一個人躺在雪白的床單上看著酒店天花板發呆，不用擔心被兩個小傢伙拖起來玩玩具，也不需要聽到客廳有點異常的響動就一躍而起，剛買的玻璃花瓶大概又被孩子打爛了。

獨處有多重要？有一段時間曾有過這樣的衝動：在網上發起一個「保障媽媽獨處自由」的計畫，專門給那些沒有個人空間的媽媽提供幫助。真的，好多焦躁不安的時候，媽媽們只是需要靜一靜。

當然，出差的時間稍稍長些，超過兩天吧，焦慮就開始了：擔心孩子沒有媽媽睡不好，家裡的植物沒人照管會不會枯萎？最重要的，開始想念有孩子在身邊的庸常日子，想念孩子們的吵鬧、樓下快遞員的電話、送牛奶的工人按響門鈴……其實呢，這說明人真的不能在一種狀態裡待得太久，媽媽做久了總會煩的，偶爾不做媽媽，做回自己，對做好一個媽媽還是很重要的。我們也首先得是自己，然後才是媽媽。

一個媽媽每一天的生活就是隨著時鐘流走，一切都在秩序中：孩子八點半要準時趕到學校就得七點起床，再往前

推，七點要起床，九點半之前就得入睡，那麼洗澡的時間、刷牙的時間、講故事的時間……所有時間點都得按照表格進行，生怕哪一個環節出問題……而只有獨處的那個時刻更像是靜止的、擺脫秩序的、逃離在生活之外的，屬於自己的充分的自由。

隨著妹妹越長越大，兩個孩子帶來的負累常逼得我喘不過氣來，也就越來越需要某一時刻的放空，於是想了很多辦法，盡力創造私人空間給自己。要知道僅僅蹲馬桶和沐浴或偶爾出個差是不夠的，還要有更純粹的時刻，譬如閱讀、寫字、堅持每天一個人走路。

在這裡所指的「走路」，是指單純地為走路而走路，不是為到達某個目的地的行走。每天至少四十分鐘，就這麼一步一步地走，什麼也不做，只是往前走。

幾年前在北京的時候自由支配的時間相對多些，習慣每天下午孩子放學前在家門口的公園走一走。後來回到成都，工作、家事和孩子就把走路的時間也占滿了，鑑於這樣的情況，我及時調整了作法，由白天走路改成了夜晚走路。

每天晚上九點在榻榻米上講完故事，堅持讓她們自己上床睡覺，我就可以換好衣服出門了（而不是像以前那樣媽媽也躺在床上講故事，因為只要躺下來就沒有動力再起床了）。

　　夜晚走路的好處是少了很多干擾，院子裡很安靜，除了偶爾竄出來一隻貓也就沒什麼別的響動了。有時候也能在暗夜路燈下遇見晚歸的鄰居，提著公文包急匆匆趕往家門。很少的時候，會有和我一樣走夜路的人，路燈昏暗中也看不清對方的表情，只是會心裡一亮，想著是不是應該表達友好和善意，但這麼想著的時候，就擦肩而過了。

　　走得快一些，身上就開始冒汗，也因為走得快，形成了迎面而來的風，汗水很快又蒸發了。

　　只是走路，不是跑步，內心越來越安靜，可以借此在腦子裡整理一天經過的事情，如果沒有特別的事，就把腦袋放空吧。戴上耳機聽一段喜歡的音樂、沒有歌詞的樂曲，或者聽不懂的法語歌，只是需要音樂裡那種舒緩又不明確的情緒就好。

　　有的時候，剛剛走出家門還帶著某件事情引起的壞心情，走著走著，那件事情漸漸變得無關緊要了，心越放越鬆，越感覺到「沒有什麼是不能好好面對的」。

　　朋友知道了我暗夜走路，發來消息說：久走夜路要怎樣妳知道嗎？我回：就不怕鬼啦。

　　雖然是玩笑，但仔細想想，我確實在這日復一日的走路中獲得力量，慢慢地，不再害怕什麼。

愛是底色，穩穩接住的「底」

小練一邊畫畫一邊問我：媽媽，有沒有人不喜歡妳？

我說：應該有吧，嗯，肯定有，妳怎麼想問這個？

我覺得我們班有兩個同學不喜歡我。她們覺得我太醜了吧，她們好漂亮啊。她們不跟我玩。

妳那麼好看，一點也不醜。每個人都會有人不喜歡，這是很正常的。

但是我很喜歡她們呀，她們不喜歡我。哎，不說了，不說了。

她繼續畫畫，畫了一會抬起頭自言自語：我很會畫畫的，我畫得可好了。

我有點難過，五歲半的孩子，開始面對這些問題了。

身為媽媽，我好像也做不了什麼。唯一慶幸的是，她願意跟我講這些，媽媽是值得信賴的聽眾。

我小時候也有這樣的時刻：因為得不到大家的喜歡，轉而拿起書本，認真讀書時安慰自己：我很愛讀書的，我跟她們不一樣，我們都很好。

很難說這是好事還是壞事，成長過程裡自我修正自我圓滿，歷經的千山萬水，真的和他人無關。

身為媽媽，我只是媽媽，陪伴在孩子身邊的、任何時候

可以無條件給出愛的媽媽。有時候愛只是底色，是不管妳碰見什麼，不管從什麼地方落下來都能穩穩接住的「底」。

　　生活不可能永遠呈現它甜美向上的一面，還有苦澀。去經歷，去體會，去跌倒，然後自己爬起來。

努力做一個深深扎進生活的人

　　晚上姐姐和妹妹因為一點小事鬧矛盾，後來發展到爭著要和媽媽睡（以此表達占有），先是哭再是鬧，最後差點打起來。

　　好不容易平息風波一邊躺一個睡著後，我輕手輕腳從中間被窩裡爬起來，打開電腦（還有一堆工作要處理），這時候聽到隔壁房間傳來弟弟的咳嗽聲……

　　「我為什麼總要做很多事呢，帶孩子已經很累了。此刻有點想不明白。其實我是一個最能享受一個人待著無所事事的人啊。」沒忍住在社群平臺上感嘆了一下。

　　「因為相比帶孩子，做其他任何事都是休息。」一位朋友回覆。

　　妹妹昨天問我：媽媽，為所欲為是什麼意思呀？我說：就是想幹嘛就幹嘛。她說：哎呀，我最喜歡的就是為所欲為。好想告訴她，媽媽也是。

做什麼事都不容易吧，承認自己會累會煩，並不是又弱又不體面。過度運用意志力，反而會帶來內心暴力。

能量是守恆的。有多少辛苦就有多少幸福，用力去愛就會有傷，永遠想要雲淡風輕歲月靜好，只怕是夢裡都難以成真。

所以，還是要努力去做一個深深扎進生活的人，擁抱這張牙舞爪的人生，哪怕滿身泥濘，哪怕滿臉鼻涕和眼淚。

人生不過是大鬧一場，悄然離去。

永恆的同情心

「媽媽，地震了。我跑出來了，但是小兔子跑出去了。」

早晨八點多，被這句語音訊息叫醒。彼時我正在國外訪問，當天的活動安排是去一所華人學校看孩子們的運動會。天氣晴好，一切如昨，但三歲女兒在成都用稚嫩的童音說出的「地震」兩個字突然使身邊的一切變得不一樣了。

之後我們坐著車去學校，同行中一個女孩的男朋友去了災區，電話聯絡不上，她一直發著訊息提醒對方注意安全，其他人偶爾回一回訊息，其餘時間就不停地刷著新聞。等車窗外傳來學校運動場上孩子們的口號聲時，當地朋友叫上攝影師下車了，臨走時說：你們就待在車裡。

我們就待在車裡，各自拿著手機。

是一種正常秩序被打亂的惶恐，這感覺之前經歷過，如今再一次突然發生。「專家不是說四川一百年內不會再發生大地震嗎？」男朋友去了災區的女孩憤憤地說。

通訊中斷，道路阻隔，據說能抵抗八級強震的房子塌了，孩子們沒有學校了，哭聲一片，眾志成城，萬眾一心，抗震救災，人定勝天……

吵鬧開始了，有人滿腔熱血湧向災區，有人罵湧向災區的人是在添亂，有人逼捐，有人曬捐，有人痛哭，有人說痛哭的人是在表演……

停一下，對不起，沒辦法投入了。為什麼之前已經發生過的事情，我們現在仍然像是第一次碰到？以前，我們用本能去抵抗災害。現在，居然，依然，依靠本能。

不，好像本能，又不是本能；好像慣性，也不是慣性。似乎一部龐大的機器又被啟動了，一切都在其中。當災難發生，幾乎所有人都不假思索地投入了那個模式。

如果 2008 年那場巨大的災難都不能讓我們成長，還要怎樣？還能怎樣？

災難就是災難本身，無論大小，無論死傷多少，無論這災難披上哪一種悲情的外衣，對於災難中每一個具體的人，這傷痛都是深重的。一位在車禍中失去孩子的媽媽的痛苦難

道就會比在地震中失去孩子的媽媽的痛苦少很多嗎？一個能「感動大家」的關於災難中的故事的主角可以得到更多的幫助和同情，可是，另一個和他一樣的經歷了災難但是講不出打動大家的故事的人，就不需要同情和幫助了嗎？

北野武面對日本地震寫下：悲慟是一種非常私人的經驗。這次震災並不能籠統地概括為「死了兩萬人」一件事，而是「死了一個人」的事情發生了兩萬次。兩萬例死亡，每一個死者都有人為之撕心裂肺，並且將這悲慟背負至今。

一番折騰，幾次轉機，終於回到成都。下飛機坐上計程車，廣播裡正在播放「無論你在哪裡，我都要找到你」，主持人正號召大家行動起來，傳遞愛心。計程車司機關掉收音機，像是對我說，又像是自言自語：沒意思，沒死幾個人嘛，搞那麼大陣仗。

這話我聽出一股徹骨的寒意，不是計程車司機錯了，是整個什麼東西錯了。

可是在沒有電臺吵鬧聲的計程車裡，師傅跟我說，之前他開著車直接去了都江堰，參與了救災，這一次一開始也想去的，後來聽說去的人太多了，就打消了這念頭。「每天該做什麼做什麼」，除了偶爾半夜會被餘震驚醒再翻個身繼續睡。

回到家裡，女兒撲向我的懷裡，親我，摸我的頭髮，嘴

裡一直在喊媽媽。然後她牽著我的手來到社區的院子裡,向鄰居們炫耀媽媽回來了,在鄰居們歡樂的目光裡,在薔薇滿園的春光裡驕傲地奔跑著。

我走在她後面,看著她那個樣子,心想這平平淡淡的小日子啊,真好。

沒有誰會後悔成為母親

在書店參加活動,認識一位雙胞胎媽媽。她的兩個女兒生下來時,一個兩公斤,另一個九百公克。是試管嬰兒,懷孕到七個月有流產的徵兆,在醫院躺了三十八天,最終八個多月時早產,寶寶在醫院住了好多天保溫箱才回到媽媽懷裡。

如今孩子三歲多了,上幼兒園,除了個子稍矮,其他方面一切正常。

「姐姐的語言能力還發展得非常好,常常得到老師的表揚。」這位媽媽說起兩個孩子滿臉自豪。她給我們看倆孩子的照片,水靈靈的大眼睛,機靈古怪。

她頭髮微捲,穿一條花裙子端端正正坐在沙發上說:「一開始也擔心個子,一直很焦慮,醫生總說發育不夠好,要求補這樣補那樣。後來遇到一位醫生,跟她講我的擔心,她反

過來問我，妳以為妳生的是姚明的女兒嗎，那麼著急做什麼？心一下就放平了。」

她還在說著什麼，臉上溢滿笑容。有人打斷她，說她太不容易了，她哈哈一笑，說自己太幸運了，「你們不知道，做試管嬰兒有多難，和我同時去做的，有一對夫婦，做了七次，家裡的錢全花完了，不成功，那個媽媽還要做」。

我想起十年前生小練，最後關頭怎麼也生不出來，力氣用完了，一位大著肚子的助產士爬上產床，跪下，把我的頭放在她的腿間，她雙手用力擠壓我的肚子，一邊擠一邊大喊，加油啊。我的臉埋在她肚子外面衣服的褶皺裡聽到嬰兒的啼哭，小練就是這麼擠出來的。

後來知道那位助產士當時是第二次懷孕，第一胎是個女兒，孩子兩歲多的時候遇到大地震，被埋在了廢墟裡。

不敢細想的。

參加的這場活動是有關生養的。有位醫學教授寫了一本書，現場與大家談生孩子這件事。她談起十年來幫助幾千位地震中失去孩子的媽媽再生育。旁邊有人感嘆，這是多大的善啊！

我想著那幾千位母親，如何在焦灼中期待著自己再次成為母親。「最難的是那些上一個孩子已經上高中的媽媽們，上了年紀，又頂著巨大的悲痛，不容易。」教授旁邊的一位醫生說。

　　為什麼那麼多女人，每個人都像個戰士，奮不顧身投入在這場生養的戰鬥裡？我在這個下午被一種說不清楚的情緒結結實實地包裹著，不僅僅是感動，還有控制不住的，類似於悲憫的東西。

　　三年前的深夜，訊息叮咚了幾聲，是在一次讀書會上見過一面的女子。她告訴我，她剛剛知道自己懷孕了。她說只是一次意外的經歷，也不可能和對方有任何未來。「但我今年三十八歲了，如果這個孩子不要，可能以後沒機會當媽了。我打算生下孩子，認認真真把孩子好好養大，等於自己再活一次人生。妳能對我說一句祝福的話嗎？」

　　「我認識的人裡，沒有誰會後悔自己成為母親。」

第三章　我們養育孩子，也培養自己

第四章
我不是天生的媽媽

　　我覺得我是比較幸運的，恰恰是孩子的到來讓我意識到
了這一點，也就是自我的重要性。

▌母親之姿

「只要手一拿起畫筆，心中就一粒塵埃也飛不進。」讀日本著名畫家上村松園的關於創作和人生自述的三本書（《美人的事》、《更有早行人》、《一念一事》），雖是人生創作談，但松園用大量的筆墨講她的母親。

松園還在母親肚子裡時，父親就去世了。她由充滿男子氣概的母親一手帶大。令人唏噓的是，長大後的松園，二十七歲未婚生子，也做了單親媽媽。

明治二十一年，母親將松園送入繪畫學校。那時的日本社會對女孩學畫不理解不支持，松園的叔叔也狠狠地責備松園的母親，但是母親說：「可那是她喜歡的道路呀。」

松園的母親一個人經營著茶葉店鋪，還要趕做裁縫工作，一直支持、鼓勵著松園的學畫之路。母親也愛畫畫，松園說自己走上畫畫這條路，完全是受了母親的影響。遇到舊書攤上賣繪本，母親也會買回家自己臨摹，松園從小看到這樣一個「有繪畫之心」的人，很難不受到影響。松園的兒子和孫子日後也走上了繪畫的道路，成為日本知名畫家。正是應了那句話：教育的第一步，是做給孩子看。

雖說全力支持女兒擁抱熱愛的事物，但松園的母親並不是一位一心望女成鳳的母親，她給了松園一個寬鬆自由的成

長環境。有一次，年輕的松園要畫一幅畫參加一個重要的展覽，時間臨近了還是畫不出來，正在焦慮懊惱之時，母親一句話讓她放鬆下來，母親說：要不，今年就別畫了。

松園的母親有一副好身體，九十多歲高齡才辭世，一生活得深情又達觀，愛孩子，但沒有讓孩子成為自己人生的全部，在自我的成長上從不放棄。正是這樣的姿態，讓松園上了一堂珍貴的人生之課。那些永不枯竭的愛與支持，已經牢牢生長在上村松園的身體裡，成為永遠的火焰與光明。

有一個關於母親的記憶刻在松園的生命裡，那是影響她一生的「母親之姿」：「夕陽西下，四周變得昏暗模糊，母親絲毫沒有發覺……她靠在紙拉門的旁邊，把針舉到眼睛的高度，右手拿著線頭，一隻眼閉著，另一隻眼睛只留著一道細細的縫，盯著針眼想要將線頭穿過去……」

就在那一刻，我決定要孩子了

身為三個小朋友的媽媽，我每天大約有三分之一的時間被他們占據。除此之外，我還是個寫作者，同時經營管理著一個原創女裝品牌。經常會有人問：妳每天那麼多事情要做，是怎麼做到的啊？

「哦，也就是一件一件做到的啊。」

第四章　我不是天生的媽媽

也有人問：妳怎麼生了三個孩子啊？

「啊，也就是一個一個生出來的啊。」

這麼回答，是不是會讓提問者覺得我有點驕傲或者敷衍？但這確實是我最真實的想法。

是真的，從沒有計劃過這輩子要生三個孩子，但孩子就是這樣一個又一個地來了。事實上我是一個很理智的人，生孩子這件事情可能是這輩子做的最衝動的一件事了，至於具體原因，也不太能說得清楚。

有時候，我想，可能就是出於自私吧。

這也是真的：我生孩子是因為我想生，剛好身邊有人願意配合我生。至於孩子，他們並沒有提出要求要來，我也沒有做過那種夢：小嬰兒在頭頂的天空對著媽媽說，請接納我做妳的孩子吧。

我在很年輕的時候，高中或大學期間吧，曾經設想過將來的生活：環遊世界呀，遇到個什麼樣的人談戀愛呀，換個陌生城市生活呀，做一名戰地記者呀……所有的想法裡就是不包括生孩子。可能是因為有個小我八歲愛哭的弟弟，從小整天跟在我屁股後面跑，所以一直覺得小孩子是個非常麻煩的東西。偶爾在餐廳或是別的場合看到小孩子們不守規矩，吵吵鬧鬧，就會皺起眉頭一臉嫌棄。我也不太知道應該怎麼討小孩子喜歡，「小孩子嘛，乖的時候還行，抱過來玩一玩，

哭了就趕緊還給他爸媽」。至於那些帶著孩子的「婦女」，「那完全是沒有自我，不好看，不輕鬆，沒意思的一種人啊」。

「我才不要生孩子呢」，那時候我和現在七歲的女兒小素的想法完全一樣。

後來考慮要嫁給秦先生時也有一場比較正式的談話：

「我不想生孩子，你同意嗎？」

「聽妳的。」

「嗯，如果實在想要小孩，就去收養一個，收養年齡大一些的，至少五歲，一進家門就會說爸爸媽媽你們好。太小了好麻煩的。」

這些都是那時候真實的想法，並且不想自己生但能接受領養還有一個原因：地球負擔那麼重，我們再別增加負擔了，但是領養就是為社會做貢獻呢。

後來是怎麼轉變這個想法的呢？十多年前的某一天中午，我媽在廚房裡對一旁幫她摘菜的我說：婚都結了，趕緊要一個孩子。

她是一邊炒菜一邊說出這句話的，說完繼續翻炒鍋裡的東西去了，但我聽得出這句話裡包含的鄭重，鄭重到她的手裡必須做點什麼事才可以顯得輕鬆。

我們不常談論這些的。

我媽那時也就五十出頭，從老家農村來到成都，一下子

被城市淹沒。她是一個強悍又樂觀的女人，在鄉下出了名的能幹，有很多朋友。我們平時交流得少，她整天待在家裡，寂寞是一定有的，可能她那時想，有了孩子，一切都會不一樣。

那個時刻對我來說至關重要，倒不是說我生孩子是為了讓我媽不寂寞，而是人的一生中就是有那樣一個時刻，可能是之前很多情緒或別的什麼東西累積到了那時候，突然一個場景、一句話，就按下了內心的某個開關，從此，很多想法就不太一樣了。

「好的，趕緊要一個吧。」這句話沒有說出口，但我心裡確實就在這麼想了。

事後回想起來，那時敢有這樣的想法，一個原因還是隨著自身的成長，感覺到似乎是可以試著為另一個生命負責了。再者，說出來有點不好意思：那個時候我還是一名高校教師以及電視臺節目主持人，工作太累又太無趣，不管從哪個角度講，都看不到什麼希望，但是又沒有勇氣離開已經能夠應付且薪水相對滿意的工作。

我想休息，想暫時抽離讓人窒息的工作環境。

大學畢業後我在學校工作的同時進入電視臺，在這兩個單位工作，也算是兢兢業業了。這些年我非常努力，渴望得到承認，後來也差不多得到了。但這兩份工作說實話都不算

就在那一刻，我決定要孩子了

是我的熱愛，我享受工作帶來的結果：較高的薪水和虛榮心的滿足，但並不享受過程，也不喜歡整個工作環境。判斷一件事應該不應該去做的標準其實可以很簡單：妳是享受做這件事的過程，還是僅僅為了得到某種結果？

電視臺裡有正職和兼職，我在的時候，因為端著鐵飯碗的正職很多，整個文化就是：差不多就可以了。這樣一來，那些努力做事的人就會不同，就會招來大家「特別」的關注。比如身為主持人，我如果還要主動申請去跑一線當記者，每天努力寫稿或在電腦前忙碌時，就會有聲音傳來：哎喲，當主持人賺的錢還不夠。這個時候，妳如果回答「我只是熱愛工作」，別人多半會把妳當怪物，妳必須要誠惶誠恐：哪裡哪裡，主管交代的任務。整個風氣是不做事的，做事的人就會顯得傻。

有很長一段時間，我以為我的人生就是這樣了：每天按部就班地工作，工作不能太差也不能太好，完成任務就行。穿衣服也不能跟別人太不一樣，主播嘛，名牌是要有的，職業女性當然是要化妝的，高跟鞋能提升氣質，包包至少也得Coach。每天和同事們在工作之餘談論時尚資訊，討論哪個百貨哪個品牌設專櫃了，喝星巴克咖啡，看電影……每一次推不掉的飯局對我都是一場巨大的考驗，實在不想站起來跟人推杯換盞，又害怕被人認為是在裝高冷。千萬不要被人看

見妳包包裡放著一本《百年孤獨》，否則「哎喲喂……」這種語氣就會從辦公室的某個角落傳過來，既而引發大家種種說不清道不明的怪怪的討論。

我實在是害怕這樣的場景，所以幾次就學得乖乖的了，見了化妝師就跟她聊化妝品和減肥，見了愛吃喝的攝影師就跟他討論哪家餐廳的評價好，見了主管嘛——最好不見，躲得遠遠的。如果想要安全感和認同感，妳只有一個選擇：變成和他們一樣的人。

在學校工作也同樣如此，在所有人都忙著寫論文的時候，妳如果所有心思都只想把書教好，多多少少就會成為異類。「她有錢她當然不在乎」、「她在電視臺還有工作，她來這裡只是玩」諸如此類評價，僅僅是因為，妳只想做個好好教書的老師。

所以，就是這樣，生孩子對我最大的好處是：可以堂而皇之地休息那麼一陣子，從心理上暫時抽離厭倦的工作環境。即使還在上著班，看著妳漸漸胖起來的身材和臉蛋，也不太適合天天化妝出鏡了，這真是求之不得。

是孩子，讓我意識到自我的重要性

我一直覺得我在寫跟孩子有關的文字的時候，是徹底誠實的一個人，我會寫出我的困頓、我的掙扎，會寫出我的憂傷，當然也會寫出我的喜悅。

但是不知道為什麼，無論我怎麼寫，很多人看到的，還是美好。這可能就是文字的神奇之處吧。當我們回憶過去的時候，當我們用文字去表達的時候，那些艱難就被化解掉了。

在我生下第一個孩子的時候，我和大多數初為人母的女性一樣，看著眼前這個柔軟的小東西，可以說是無所適從，滿心焦慮，生怕自己哪裡做得不好，那時候我買來了幾十本育兒書，一本一本地讀，做筆記，恨不得自己能夠成為做媽媽做得最專業的那一個。

而且在我懷小練之前，我曾經有過一次胎停。因為第一次，就比較沒注意，懷孕之後繼續工作，懷孕兩個月的時候，還去跑現場，到處去採訪、編輯等。但是三個月到醫院去產檢的時候，醫生告訴我孩子已經停止發育了，當時我完全傻了。有過這樣一次失敗的經歷之後，我再一次懷孕時是非常小心的。我停掉了所有的工作，就在家待著。兩個月的時候吧，經歷了一次流產先兆，嚇得不行，躺了很長時間。

所以有第一個孩子時，自己是一個新手媽媽，孩子來得又那麼不容易，整個人非常焦慮。

生下小練之後，我一邊在電視臺工作，一邊又開始做服裝了，同時我還是一個寫作者。這些工作會導致我每天有大量的時間都坐在電腦前，我還記得那個時候大女兒小練剛剛學會爬，她常常在我工作的時候爬到我的身邊，她會敲我的鍵盤，打翻我桌子上的水杯，感覺真是糟糕透了。

一方面是工作被打擾，自我被干擾，感到很憤怒，另外一方面，其實也是對自己不能多陪孩子感到內疚。就是不自覺地把孩子和我的工作放在了對立面，讓他們互相像仇人一樣。現在想起來，那個時候就是對自己不滿意，想成為一個完美媽媽、專業媽媽，但是又做不到。

在我有了第二個孩子之後，又會有一種焦慮，覺得分給姐姐的時間少了，覺得陪老大的時間本來就不夠多，又來個老二。

做媽媽是一個過程吧，其實沒有人生來就會做媽媽。

但是呢，每個女人又天生地愛孩子，是一個「天然的媽媽」。為什麼我們會有困頓，會有掙扎呢？我覺得這種困頓和掙扎，更多的是社會性的，不是做媽媽的天性的掙扎。身為一個現代女性，我們生活在這樣一個時代裡面，這個時代其實將很多要求加諸給了女性。

　　這些要求，會給女性帶來很多的焦慮。這種焦慮，當我們成為母親之後會翻倍。尤其在商業社會裡，有很多的商業其實是以販賣焦慮來賺錢的。我們走到商場裡面去，走到任何一個貨架前面，那裡擺滿了琳瑯滿目的產品。比如說玩具區，會告訴妳很多的「可能性」，它會說這個東西可以讓妳的孩子怎麼樣，如果妳不怎麼樣，妳的孩子在哪方面可能就得不到開發等。就好像每一個人都害怕自己會落下什麼東西，如果不投入這樣一個洪流，就會被擠到一個邊緣的位置。每個人都害怕自己被落下。

　　有一位美國的人類學家，同時也是媽媽，她寫了一本書，在封面上有一句話：「這世界就像一個劇場，當前排觀眾站起來的時候，後排觀眾也不得不這樣做。」所以這個世界上很難找到一個不焦慮的媽媽。

　　而與此同時，我們又生活在一個太豐富的世界。一個媽媽單槍匹馬其實很難抵抗那種由物質堆砌的豐富。其實過簡單的生活，用常識去生活是很珍貴的。我也經歷過這樣一段非要去做些什麼才讓自己不那麼焦慮的時候，比如看各種育兒書，帶孩子去早教，等等，就想做很多事情來填補內心的那種焦慮和空虛。

　　但其實在這樣一個豐富又嘈雜的世界，我們反而要給孩子一個簡單的環境，讓孩子有更多空白的時間。

第四章　我不是天生的媽媽

　　對於媽媽來說，做自己很重要，留空間給自己也很重要。

　　如果當我們想做很多事情又不知道做什麼的時候，我覺得最好的辦法可能是我們什麼都不要做。

　　我曾經帶小練回過一次我自己的老家，就是《遠遠的村莊》這本書裡的那個老家。那次給我的觸動非常大。孩子剛剛回到鄉下的時候，她非常害怕用腳去踩那些泥濘的土路。我老家門口有幾隻大白鵝，遠處還有水牛和山羊，看到這些也要躲，但是很快，她就完全融入了那個自然環境裡。

　　當時我自己是帶著滿身的焦慮回到鄉下的，但是一回去我發現我自己的焦慮放下了，我的孩子在那個環境也舒展了。這個事情其實給我一個觸動，就是：孩子的天性需要什麼？身為一個人，我們究竟需要的是什麼？

　　我想一個孩子需要的是一個天然的成長環境，如果沒有一個天然的成長環境，那麼父母就應該給他一個這樣的環境，那身為母親就不如回到自身，做一個很天然的媽媽。我也是在育兒過程中，在自己的成長過程中，才意識到自我的重要性，也可以說我自我意識的覺醒是在有了孩子之後。

　　在沒有孩子之前，我沒有想過自己要成為一個什麼樣的人，我要為這個世界貢獻些什麼，我覺得是孩子促使我去思考，也促使我去放下一些很執著的東西。我們常常會陷入一

種東西里面，就是當我們很愛很愛一個人的時候，會想把自己的全身心都投入到這個對象裡面。尤其是在面對孩子的時候，很多媽媽會失去自我，就覺得我要給孩子最好的，自我不重要了。

我覺得我是比較幸運的，恰恰是孩子的到來讓我意識到了這一點，也就是自我的重要性。

因為愛一定是發生在兩個獨立的個體之間的，如果妳不成長為一個獨立的自我，妳拿什麼去愛孩子呢？

所以我覺得是孩子讓我完成了這樣一個成長吧。這些困頓、這些掙扎就像是泥濘，我從這些泥濘當中站了起來，站成了一個比較堅定的自我。

很多時候道理其實都是簡單的、樸素的，沒有那麼多高深的東西，只是說什麼環境講什麼道理，這個可能不太簡單。

尤其是在現在這樣的一個大時代、大環境下，在普遍焦慮、資訊爆炸的時代，我非常想要跟大家分享的是：放過自己，做一個過得去的媽媽就好。

放鬆一些，享受做媽媽

　　想講講我的爸爸媽媽。我的爸爸媽媽現在沒有幫我帶孩子，也沒有幫我弟弟家帶孩子。爸爸和媽媽多數時候生活在老家，他們在成都也有自己的房子，但他們每年可能只有不到四分之一的時間會待在成都，跟他們的孩子待在一起。更多的時候他們自己玩自己樂，開著車就去旅行了，或者就待在老家打打麻將，他們完全有他們自己的生活。而在更小的時候，爸爸媽媽給我的一個印象就是他們很忙，爸爸有自己的事情，媽媽也有自己的事情，他們陪我的時間也並不是很多，但是我能回憶起來的那些都非常美好。

　　我還能記起我們一家人過馬路，爸爸媽媽會手拉著手。他們也會吵架，會生氣，但是他們兩個是很相愛的，他們就是那種很有煙火氣的俗世人間的一對相愛夫妻。

　　我在八歲的時候就離開家住校了，從我八歲開始，我人生的大大小小的決定，我的爸爸媽媽都沒有干涉，都是由我自己做決定。再大一點，我就養成了一個習慣，我要做什麼事情，我是把決定做好了才告知一下爸爸媽媽。包括我畢業了在哪裡工作，我跟誰結婚，辭職，生孩子，所有的這些事情，都沒有去徵求爸爸媽媽的意見，我也知道他們會尊重我的意見。這些都是很珍貴的。

　　我們上一代的父母，很多不是這樣的，想要控制孩子人生的爸媽很多，但是我的爸媽沒有這樣做。我和我弟弟都是很有主見的人，跟爸媽的情感也是能夠流動的。我們有對他們的情緒，我們會表達；我們對他們的愛，我們也會表達。他們也一樣。

　　在我的寫作裡，有兩大主題：一個是寫我的孩子，另一個就是寫我小時候的故事。我覺得這個就是我在童年得到了充足的愛、得到了非常有安全感的陪伴而得來的一個東西，我在裡面吸取了很多的養分。

　　我的父母應該從來沒有認真想過用什麼方法來面對我，沒有想過「育兒方法」這回事。媽媽就是用母親的天性來面對我，爸爸也是用父親的天性來面對我，並且他們有自己的事情，他們有自己的世界，他們有更多的時間在做他們自己，而沒有去做我的爸爸媽媽，也沒有去要求我做怎樣的人，這反倒給了我一個獨立的自由成長的空間。

　　其實我也很想成為一個像我媽媽那樣的人，不失去自我，做一個放鬆的媽媽。

　　如果要為媽媽打分的話，按照現在的標準，我的媽媽可能只能得六十分吧，但是我就只需要一個六十分的媽媽，我不需要一百分的媽媽。我對我的孩子同樣會這樣想，我覺得我做一個過得去的媽媽就好了，我不需要做一個專業的媽

媽，我也不需要做一個一百分的媽媽。

　　有很多人問我：妳怎麼敢生三個孩子呢？我想我之所以敢生三個孩子，恰恰是我對做一個一百分媽媽、對做一個專業的媽媽沒有任何期待。我沒有那麼執著於做媽媽這件事，所以我才敢生三個孩子。這是一個水到渠成、自然而然的事情，孩子來了，我就接納她，但是有孩子，並不影響我要成為我自己想成為的人。

　　我現在在寫作，有時候還要去演話劇，很多事情、陪伴孩子的時間絕對比不上很多全職媽媽，但是我會盡量做到高質量的陪伴。所謂高質量的陪伴，也不是說一定要跟孩子怎麼玩，去參與他的遊戲。我覺得更多是心理上的陪伴吧，就是說孩子需要的時候，我就在那裡，我的愛就在那裡。我比較享受的是跟孩子們待在一個空間裡，我們各自做自己的事情。孩子在看書，我也在看我的書，孩子在玩毛線，那我可能在旁邊織我的毛衣。但是他有問題需要問我的時候，我能夠去解答，就是那種空間上的在一起，以及這個空間裡面情感情緒的流動，我覺得這就是一種陪伴。

　　而不是說孩子在玩一個遊戲，我一定要去參與，我要「哎呀，媽媽陪你玩吧，我們來玩這個吧，不要玩那個」。那種過度的干擾，其實不僅僅達不到陪伴的效果，還會讓孩子覺得媽媽怎麼那麼煩。

　　我很早就想我老了一定不要做一個愛嘮叨的媽媽，我覺得嘮嘮叨叨地說很多的話，會把孩子的慧根都說沒了。

　　第一次做媽媽的時候，我買了幾十本專業的育兒書。那些書都沒有怎麼看，完全就是填補剛開始的焦慮，我也不贊成看太多的育兒書。書本的道理、知識都是死的，但是養孩子是活的，是一個具體情況要具體對待的事情。要看書就看那些真正能夠豐富妳的生命的書，能夠對妳的成長有幫助的書，幫妳成長為一個更好的自我，面對孩子的時候，妳自然會有屬於妳自己的方法，而不是照著書籍養孩子。

　　我記得有一次參加一位老師的課程。她跟我說了一句話，她說「我發現亞洲女人的怨氣太重了」。這位老師是做心理學研究的，她面對過成千上萬的個案，這是她的一個體會。

　　我們不要有那麼多怨氣，盡量去享受做媽媽，讓自己放鬆一些，不要想做完美媽媽，不要想我一定要把什麼事情都做好，放鬆一點，接受事情可能不會有那麼百分之百的好的效果，而只是接納這一切。

學會對另一個生命負責

　　第一次成為孕婦應該是一個人一生中最美好的時光之一吧。也就是在那個時候，閒坐家中的我，開始拿起了這支寫作的筆，以及裁衣服的剪刀。從小就喜歡寫寫畫畫的我，在這段難得的清閒時光裡撿起丟下多年的那點「本事」，體內某種創造力慢慢復甦。誰能想到幾年後我就出了書，做起了自己的服裝品牌，最終離開前面提到的兩份工作呢。

　　沒錯，如果不是生孩子，我可能不會辭職，只會繼續一邊抱怨著工作，一邊成為那抱怨的一部分。所以，對我而言，生孩子不是失去自我，而是我終於有機會回到自我。

　　大著肚子去餐廳，我也成了年輕時看不上眼的那種「婦女」，但卻能坦然享受自己是一個婦女的身分。如果遇到和我一樣的婦女，我通常報之以會心一笑，而她們身旁活蹦亂跳的孩子呢？當然也變得可愛起來啦。要做媽媽了，我不僅愛上了自己肚子裡的孩子，也愛上了這個有孩子組成的、吵鬧但充滿人間煙火的世間呢。

　　停掉了以往風風火火的工作，卻開始懷念奔跑的滋味。要是能夠奔跑，要是跑著跑著就飛起來，像羽毛一樣，那該有多好，可是肉身一天天沉重起來。第一次有個孩子裝在肚子裡，沒有任何經驗，凡事小心為好，加之孕期兩個月的時

候有過一次不明原因的出血，醫生讓我平躺一週時間，還天天打針安胎，這之後就更加小心。

已經有大半年沒有奔跑了，最後一次奔跑，還是四月的一個早晨，我在社區外的馬路上追趕一輛計程車，我一邊喊「司機，等一下」，一邊向計程車飛奔。

突然一個指令從大腦傳來：停下，妳是個孕婦！

我立刻停止了奔跑的腳步，站在馬路中央愣神，然後像個企鵝一樣把自己的身體慢慢移向路邊，憂鬱的眼神望著計程車遠去。

不能奔跑，更不能摔跤，走路得一步一個腳印，不要沒事東張西望，要盯緊前面的路。

體重增加了十五公斤，身體的沉重帶來思維的笨拙和遲鈍，我會突然想不起最好的朋友的名字，去超市總是買不回我想要的東西，左手拿著一本書右手在書架上到處尋找這本書，拿著汽車遙控鎖對著家門按了無數次，納悶為什麼門不會自己彈開……

如果說輕盈是一種力量，那麼，一個孕婦正在失去這個力量。

和我媽下樓散步，我媽扶著我在人行道上慢慢往前走。她的步伐跟著我走路的節奏，也在慢慢變慢。我聽到了我媽沉重的嘆息，儘管我們原本已經走得很慢很慢。

而且，我正在老去的媽，很難再輕盈起來了吧？

　　二十九年前，我媽二十五歲，她正和我現在一樣，經歷這樣一個從輕盈到沉重的過程。

　　如今五十四歲的媽，陪我散完步回到家，坐在沙發上為即將出生的小生命織毛衣，她一織就是一整天，偶爾抬起頭來，眼神已不再清亮。

　　「妳在我肚子裡還沒足月就跑出來啦，生下來才兩公斤，都以為活不成呢。」

　　她沒有講如何把兩公斤的我養大，這背後的辛苦。

　　「生妳的前一天，扛了一大桶水，五十公斤總有吧，妳奶奶說，可能是這個引起了早產。」

　　她不說那個年代一個孕婦為什麼不得已要去扛五十公斤的水桶。

　　「小時候妳三天兩頭總生病，沒想到妳後來比周圍同樣大的小孩都長得好長得高。」

　　「奶水不夠，我和妳奶奶就煮米糊用小湯匙餵妳，妳吃得多香啊！」

　　「妳一歲半的時候，我把妳放在玉米地裡，放了些桃子在妳旁邊，我就去做事了，從玉米地的那頭鋤草到這頭，到妳面前時，妳把桃子都吃完啦。」

　　她只說這些，帶著笑容說。我聽著，忍著眼淚聽。

　　她在用最輕鬆的語氣教會我：什麼叫承擔，如何在生命中最沉重最笨重的時刻開始學會對另一個生命負責。

　　而不能奔跑，應該只是最微不足道的付出吧。

　　真是奇妙啊，是我媽的一句話讓我最終決定要孩子，是肚子裡的孩子讓我看見生命河流中那些又甜蜜又憂傷的過往。我，孩子，媽媽，我們本就是一體。我望著織毛衣的媽媽，感覺到一種飽滿又豐富的人生即將在我面前鋪陳開來。

三個孩子，魂牽夢繞，山水相依

　　小練來到這個世界第九天的時候，第一次拍她的照片，照片裡她那麼柔軟那麼溫順地趴在床上，眼睛睜得大大的。我還記得拍照那時候，她努力想抬頭看我，但是抬頭對於她來說還是一個很艱難的任務，用了很大的力氣，她終於看見我了，那麼無辜的樣子。

　　那種無辜和可愛會讓我忍不住想，她怎麼可能是我生出來的呢？她是上帝派來的啊。我也沒有想到，那種從未有過的對生命深深的敬畏，竟然是在這個小傢伙的身上散發出的。

　　小練是經過產道擠壓來到這個世界的，剛出生的時候，頭上被擠出一個大包，眼瞼充血，她和我一起經歷了一場巨

大的考驗，我無法想像在我陣痛的時候她如何克服她要克服的困難，只有一點是肯定的：二十多小時的努力，我們都是勝利者。

是從什麼時候下定決心一定要自然產呢？我本是個隨性的人，一開始並沒覺得自然產或剖腹產是個需要認真考慮的問題，可能是受好朋友哩嚕的影響，她一直想自然產，早早地做起了準備，並且哩嚕和另一個好朋友丸子都表示：我們三個人裡面，最適合自然產的是我。這可能給了我不小的心理暗示，因此在孕期會有意識地注意一些關於自然產的訊息。

這樣一來，我慢慢地覺得自己應該自然產了，也在網上看到不少媽媽寫下的剖腹產日記，一大堆的問題，而且最重要的是剖腹不是不痛，而是痛在後面。總之，堅定自然產的第一步，是從恐懼剖腹開始的。

後來看了一部紀錄片，名字叫《初試啼聲》，帶給我很大的影響。最重要的一點是：電影裡面展示的自然產過程是美的！這和我之前理解的自然產完全不一樣，也和那些影視劇裡生產的畫面不一樣，電影拍出了生產（主要是自然產）的神聖。

這麼說來，堅定自然產的第二步，就是面對自然產，並且理解它的好。後來在醫院檢查的時候，我只向我的醫生提

出了一個要求：盡量幫助我自然產。

我還記得那位醫生姓石，石醫生真好，她說，妳如果狀況允許，當然要自然產啊，現在越來越多的女人主動選擇剖腹，醫生也在極力配合，這是很不好的。剖腹只能作為一種被動選擇，也就是在產婦不能自然產的情況下進行剖腹。

這話從一位醫生口裡說出來，很讓我感動。生孩子是女人與生俱來的能力，我相信我可以。

後來生產時歷經二十多小時的「戰鬥」，我第一次成為母親。我記得生完孩子昏睡了兩分鐘，睜開眼睛的時候，看見孩子的爸爸背對著我一隻手握著孩子的小手，我貼近產床的那隻眼睛，一滴淚落在床單上。

小練兩歲八個月時，我們意外有了素素，一個和小練互為 AB 面的妹妹。

因為生小練時歷經磨難，所以兩年之後再次懷孕，我果斷選擇了剖腹。身邊的人也沒有誰敢走上前來說一句：「自然產總是對妳和孩子都更好的，要不先試試自然產，不行再剖？」畢竟身體是我自己的，我比誰都了解它。在心理上，前一次生產留下的陰影也只有自己知道如何消化。

素素的出生是在冬天，從進產房到出產房不到一小時，過程順利得有點超出意料。和小練出生時親戚朋友「眾星捧月」相比，素素差不多是悄悄來到這個世界的，因此當時沒

有留下任何紀錄文字。現在偶爾想起，會有內疚。

　　不僅對孩子，對自己也有內疚。懷孕期間正逢品牌初建，每天的工作排得滿滿的，再加上有一些無法言說的變故和折騰，我自己心力交瘁。雖然現在想起已經輕鬆了很多，但當時真就是應了那句話：活得匆忙，來不及感受。

　　素素五歲時，小披薩出生了，他是上天無意中帶給我們全家的禮物。

　　小練乖巧懂事，素素古靈精怪，披薩呢，目前看來憨憨的。

　　三個孩子啊，這輩子魂牽夢繞，山水相依。

那些為愛付出的代價，是永遠難忘的啊 ── 我的生產日記

　　今天是小披薩來到世界的第十三天，我現在是三個孩子的媽媽了。在餵奶和換尿布的間隙裡，寫下這篇文字。

　　幾天前在社群平臺上寫了一段話：生兒子是什麼感覺？純粹的高興。生女兒除了高興，還會有點難過有點心疼，愛裡有悲哀的那種。八年前生小練在醫院第三天猛然想到，身邊熟睡的小東西是個女孩，長大多半也會經歷媽媽一樣的痛，眼淚就止不住流下來。

「愛裡有悲哀」，女人的一生，要經歷的疼和痛又豈止生產？這種感覺相信女人們都懂。

但是轉念又想，僅僅是輕鬆和安逸的人生又有什麼值得過的呢？在穿越疼痛的過程裡逐漸獲得心靈的深度，長出有力量的溫柔，這才是值得我們全力以赴的。

八年前生老大的時候，用了太多的意志，抱著必勝的決心，像個隨時可以拋頭顱灑熱血的戰士 —— 事實上我勝利了，自然產「成功」。

在生下老大的第九天，我寫下了生產日記。寫那篇文章的時候，我是懷著昂揚的姿態回憶那一場用盡心力的戰役的，像個歷經磨難最終凱旋的戰士。那篇文字鼓舞了很多像我一樣希望自然產的媽媽，但也有人被嚇得不敢自然產了。

因為經歷了二十多小時最終讓老大經過產道來到世界，這和其他我人生裡的幾個事件一起成為留給自己的勵志故事。每當遇到困難時，都會在大腦裡播放那些艱難的場景，然後跟自己說：眼前這點算什麼呢？

我那個時候還沒有意識到，生孩子這件事和其他幾件事情是多麼不一樣，生孩子是本能，一次完美的分娩是自然而然的發生，而過度地運用意志力，會帶來持續的內心暴力，導致身心失衡。

八年前那個冬天，經歷了二十小時的陣痛，我的孩子才

來到世界，整個分娩的過程幾乎用上了所有能用上的醫療資源。頻繁內診，在中途宮縮變弱的時候打催產素，又因為催產素導致痛得受不了，吃安眠藥，結果是睡不著又睏又痛。然後打麻藥，但麻藥並沒有緩解我的痛而是減少了宮縮，增長了產程。在醫院待的時間太長，還不讓我吃東西，因為破水，又不讓我下床走動，就那麼獨自一人硬生生躺在床上生（那時候所有產婦都躺著生孩子）。到最後怎麼也生不出來了，有一個助產士就爬上產床，跪在我頭上方，把我的頭夾在她兩腿中間，兩隻手使勁擠壓肚子。然後，側切，醫生用產鉗把老大拖出來。

整個過程，儘管醫護人員已經非常盡心，我仍然沒有覺得自己是一個可以被關愛被尊重的人，更沒有覺得自己是一個即將做母親的女人。我只是一個生育機器，在現代醫療的關照下一步步到達預先定下的目標。這之後，我患上了產後憂鬱，有半年時間每天在焦慮中入睡，在絕望中醒來。

懷上小披薩六個月的時候，我找出當年那篇生產日記，自己都被嚇了一跳。

我到這個時候才猛然意識到：為什麼兩年後懷老二時，我本能地選擇了剖腹產，一點商量的餘地都沒有 —— 我再也不要經歷第一胎那樣慘烈的自然產過程。是的，我就是那個第一胎自然產、第二胎主動要求剖腹產的媽媽。

那麼第三胎呢？一開始寧願在原來的傷口上再挨一刀，也不願意像生老大那樣經歷一次不順利的自然產。

隨著肚子裡的寶寶一天天長大，我開始把眼睛睜開，正視前兩次生產，一些想法慢慢產生出來：也許，我可以再試試自然產？是那種包含著愛意和祝福的真正的自然而然的自然產。

我相信在正常情況下，女人生孩子是人生的高峰體驗，我多麼希望藉由這次生產體會到生命的極致感受，治癒前兩次「不完美生產」帶來的陰影，更希望兩個小姐姐來醫院探望媽媽時，她們看到的媽媽是健康的、可以和她們逗笑的媽媽，而不是剖腹產後掛著點滴、插著尿管躺在床上動彈不得的病人。

所以慢慢堅定了自然產的信心。為了實現自然而溫柔的分娩，我開始練習孕期瑜伽，主動接受生育教育，向身邊自然產的好朋友們學習經驗，預約分娩陪伴……

臨產前一週，我向醫院遞交了我的分娩計畫，以期望得到他們的理解和支持：

親愛的安琪兒醫院的醫生和助產士們：

你們好！

很開心能得到你們的幫助、支持和照顧。能和對母嬰平安、自然分娩有專業追求的你們合作我和孩子的第一次見面，讓我覺得安全放心。我和我的家人願意把信

任交給你們。

　　這是我人生裡第三次迎接新生命，也可能是我此生最後一次生產了，我希望我們能有一個完美的過程，希望這不是女人的工作、醫生護士助產士的工作，而是一次專業支持的人生體驗，迎接生命的儀式。所以對於在生產過程中需要採用的所有醫療手段，煩請詳細告知，我會充分配合。

　　同時我也有一些和你們的自然分娩理念一致的願望：

1. 在你們的支持下讓分娩自然地開始。如果有催生的必要，我希望先採用自然的方式進行。如果可能，我希望用自然的方式減痛。如果可能，選擇水中分娩。

2. 請支持我播放我想聽的音樂。

3. 請允許並幫助我在待產及生產過程中自由活動，變換體位，找到最適合、最舒適的姿勢，我不想一直躺在產床上。

4. 請盡量減少內診的次數，它曾經給我造成很大的傷害。

5. 盡量不用醫療手段介入我的分娩，如果寶寶的胎位需要調整，請先採用自然的方式調整。請在使用任何醫療手段前能與我溝通。

6. …………

　　讓我意外的是，這篇分娩計畫得到了醫院的積極回應。他們說，妳寫的每一條都是我們正在踐行且希望努力做到的。他們還說，如果每位產婦都像妳這樣認真準備就好了，我們的溝通將會順暢很多。

　　僅僅是八年的時間，同樣一家醫院，一切就變得這麼不同，這是我沒有想到的。我在進步，醫院也在進步。

　　種種情況都表明，這第三次生產，什麼都對了。我對生育有了更深入細緻的了解，醫院會給我最大的配合，我的身體比以前更好，因為堅持鍛鍊和合理飲食，沒有長胖太多，每次產檢都很順利，雖然老二是剖腹的，留下了疤痕，但我有過第一胎的自然產經歷，通常第二次自然產會非常快，我身邊有類似情況的好朋友都兩三個小時結束生產……

　　四月十七日晚上十一點三十分，宮縮開始了。

　　懷著喜悅迎接陣痛，在一波又一波的宮縮中，我找到了屬於自己的節奏，掌握了與疼痛相處的方法。我的分娩陪伴給了我專業的支持，醫院也為我提供了最好的生產環境，允許我下床走動，聽想聽的音樂、坐瑜伽球……

　　我也感受到我愛的人傳遞給我的力量，還有好朋友和家人們時時刻刻的鼓勵和陪伴。

　　但是，在陣痛二十一個小時之後，所有的力氣早已用完，肚子裡的寶寶還是沒有半點要出來的意思，產程一點進

展都沒有，這讓我一度陷入沮喪。八年時間，好像只是一個輪迴，一切回到原點。

宮口沒開，胎位過高，如果人工破水加速宮縮會有很大風險。而各項身體狀況表明，要麼像生老大那樣，打催產素（二胎剖腹留下的疤痕也會增加使用催產素的風險），同時醫生表示必要的時候還是可能會用上產鉗。要麼，剖腹產。

八年前催產素留下的陰影還在，沒想到又要在此刻相遇了。

不，我不要再經歷同樣的折磨，不要側切，更不要醫生用鉗子把我的孩子從產道裡扯出來。

在決定要剖腹產的那一刻，眼淚止不住地流，但是內心更多的是釋然，是徹底地放下。我不再追求「必勝」了，不再需要在醫生、護士和親人們高呼「英雄媽媽，勇敢生產」的聲音裡像個戰士一樣往前衝了，而是平靜地接納眼前的一切。

半小時後，小披薩的哭聲響徹深夜的醫院。

醫生一邊縫合一邊跟手術臺上的我說：妳所有的決定都是對的。試產二十一小時，孩子經歷了宮縮很好，妳的子宮也會恢復得更好。妳的子宮壁已經很薄了，如果自然產會有很大的風險，所以剖腹是最安全的。

事情已經不能用成功不成功來定義，所有的經歷都是最好的安排。

　　至於療癒，就如好友給我的留言一樣：帶來療癒的也許不是輕鬆完成，而是清醒地面對和順勢地抉擇，以及在整個過程裡，坦然收穫所有的關心和愛。是放下，是接納這一切不完美。

　　我親愛的孩子們，那些為愛所付出的代價，是永遠都難忘的啊！

第四章　我不是天生的媽媽

第五章
碎日子，不記下來就忘了

所有微不足道卻柔軟的事物，都讓我著迷。小孩的眼神，升騰的水氣，夕陽下微風裡散步的雲朵⋯⋯

1

小素在我肚子裡的時候，醫生囑咐我不能拿重物，於是不再抱小練。我跟小練講媽媽肚子裡有妹妹，抱不動她了。她就等著媽媽每天坐下的時候撲在懷裡靠一會兒，嘴裡說著「媽媽抱寶寶」。

有一天牽著她走在大街上，突然停下來要抱，我說：對不起啊媽媽抱不了妳。她說：媽媽妳蹲下來。我蹲下來，就在原地，她撲入我懷裡閉上眼睛，足足兩分鐘，身邊是滾滾人流。兩分鐘後她站起來說：好啦，抱好啦，走吧。

妹妹滿月那天早晨，我走進姐姐房間跟她說：小練快起床，媽媽想抱妳。我抱著她轉了個圈，抱著她進妹妹房間，抱著她去廚房……她就一直靠在媽媽懷裡咯咯地笑不停，足足兩分鐘。

2

兒童節親密育兒的結果是今天兩個孩子都要跟媽媽睡。

要命的是一個五歲和一個三歲孩子各自喜歡的故事是不一樣的，都要求媽媽先講自己的。爭吵半天姐姐讓步了，很不開心地聽媽媽講那個她小時候聽過兩百多遍的「弱智」故事，故事的名字叫《大嗓門河馬》。

為了照顧姐姐的情緒，妹妹努力做出「這個故事好好聽」的樣子：媽媽學河馬的大嗓門，妹妹就嚇得捣耳朵，媽媽講小青蛙從高處掉在河馬的嘴巴裡，妹妹就學青蛙哎喲哎喲的叫喚，還故意在自認為精彩之處問十萬個為什麼（客觀上提高了媽媽講故事的難度）。

妹妹一邊表演一邊對姐姐說：姐姐姐姐，這個故事好好玩哦，嘿嘿嘿。姐姐噘嘴說：一點也不好玩。妹妹有點尷尬有點難過，眼看快哭了……媽媽，姐姐的故事好不好聽？

於是媽媽講姐姐的故事——《芭比童話之音符森林》。妹妹眨巴眨巴眼睛，小臉貼在媽媽手臂上聽故事，兩分鐘後就睡著了。

媽媽摸摸妹妹的腦袋問姐姐：「她是不是很可愛？」姐姐爬過去親了一口妹妹說：「嗯，有時候很可愛，有時候很搞笑。」

媽媽問：「那現在是搞笑還是可愛呢？」

「又可愛又搞笑，嘿嘿嘿。」

姐姐也進入夢鄉的時候，世界安靜了。深夜，媽媽累了一天卻不願睡去，均勻的呼吸一左一右傳進耳朵裡，此起彼伏，又遠，又近，又古老，又新鮮，又甜蜜。

3

　　早晨，某位小男生的媽媽拍了一張照片發到家長群組裡，小男生肉肉的手臂上一圈紅紅的牙齒印，看小圖就知道這是我家小素咬的 —— 那像沒長成的石榴一樣的印痕太熟悉，生氣了會咬書、咬衣服、咬人，甚至咬桌子，這是她在家裡經常做的壞事。

　　我放下手機找她，她正拿著我的一隻口紅在臉上亂抹，「媽媽，快看我的紅臉蛋。」

　　「妳昨天在幼兒園又咬人了對不對？」

　　「媽媽，好不好看？」

　　「不能咬人哦。」

　　「好不好看嘛，紅臉蛋！」

　　那邊姐姐在廁所裡喊了：「媽媽，大便拉完了，快來幫我擦屁股！」

　　我一邊處理滿臉的口紅，一邊回答：「妳自己擦啊。」

　　「不行，我要妳擦！」 —— 她在生氣媽媽只管妹妹不管她。

　　姐姐的情緒當然也要照顧，衝進廁所替她擦屁股，耳朵裡又傳來妹妹的哭聲，噢，口紅在我手裡，妹妹不開心了。

　　十分鐘後，「紅臉蛋」和「髒屁股」被蓬頭垢面的媽媽拉

著出門上學了。此時如果有特寫，會看見一位笨重的媽媽滿臉疲憊，又還在努力笑著的樣子。

4

姐姐八歲，妹妹五歲半，小披薩出生了。

姐妹倆來醫院看媽媽和披薩，蹭媽媽的月子餐。

妹妹唱歌給披薩聽，一開唱披薩就把兩隻手放在耳朵上了，小練姐姐唱的時候，他的小手竟然又放下了。姐姐開心地大笑，我也覺得很好笑，笑了，沒恢復的肚子就痛了，痛得眼淚都出來了，哇哇哇好痛啊！

妹妹就著急了：媽媽妳別再痛了啊，我心都碎了，還裂開了一個縫。妳要是好了，我的心就開出花了，還是粉色的。

姐姐問妹妹，妳以後想生幾個寶寶？妹妹說生一百個。姐姐說怎麼可能嘛，一年只能生一個孩子，難道妳能活一百歲？一百歲都不夠用，妳現在五歲了，而且現在又不能馬上生，還沒結婚。

我問姐姐，那妳打算生幾個？姐姐說：我一個也不想生，但是我想住院，還是生一個吧！

第五章　碎日子，不記下來就忘了

5

家裡三個孩子有兩個先後都病倒了，流感，先是嘔吐，高燒接近四十度，接著是夜晚無休止的咳嗽。

已經幾天沒睡過好覺，晚飯的時候我對姐妹兩個說：當媽一點兒都不好玩，我想當孩子。

姐姐說：妳本來就當過孩子，不是還寫了妳小時候的故事嗎？

妹妹說：妳也喜歡孩子，妳書裡還寫了我和姐姐好多事情。

我說：那妳們想當媽媽嗎？

姐姐說：想，我主要想生個孩子來陪妳。

我說：我不需要孩子來陪，就算要人陪，為什麼不是妳來陪？

我要上班啊。姐姐說。

後來妹妹說了句什麼，跟事實完全不符，我說，妳怎麼睜著眼睛說瞎話呢？

她問：什麼是睜著眼睛說瞎話？

就是撒謊。我說。

她有點不高興，我湊過去在她臉上親了一下，說：下次別這樣了。

她說：妳睜著眼睛親了我一下，妳知不知道這叫什麼？

我說：不知道，妳說說。

戀愛呀。

6

「媽媽，妳再不陪我睡覺，妳給我的愛就不夠用了。」小素一邊寫作業一邊噘著嘴嘟囔。過去半個月，出差上海，去日本，回來連著幾天加班到深夜，真是陪她太少。

「後天我生日，媽媽妳一大早就把我叫起來，帶我出去玩一天，就我們兩個人。好嗎？」

「噢，後天我上午要出門，我帶上妳？」

「好吧。」她原本想去動物園的，那個「吧」字的聲音拖得老長老長了。

過一下子她又說：「還是叫上姐姐和披薩吧，這樣姐姐和弟弟的生日也會叫我出去玩，這樣就可以玩三次。」

寫完作業她要畫畫，先畫一個小人，再一個大人抱著，空白處是些彎彎曲曲的線條，要我幫忙寫句話，就聽她一個字一個字吐出來：「媽媽的愛呀像草原，我是小鹿跑不到邊。」

7

　　披薩已經很睏了，眼皮不停往下垂，又強撐著睜開，小手用力往外指，意思是要出去玩，不睡覺。

　　看我沒反應，他自己爬到床邊試圖滾下去，我一把抱起他往裡面放，他奮力反抗，口水順著嘴角往外流。

　　我哭起來（當然是假的）。他馬上停止反抗，茫然了一秒，嘴巴一撇，再一撇，兩隻手用力抱著我的脖子一起哭。

　　我慢慢止住哭聲，摟他在懷裡拍他屁股，嘴裡說：乖乖，睡覺了哦。

　　他繼續緊緊抱著我，哭了一下子，慢慢閉上眼睛，均勻的呼吸傳來，幾分鐘後又抽搐一下，才算是徹底睡著了。

　　看著他熟睡的臉，我心裡生出內疚。一個不愛哭的小男生，但只要看見媽媽哭，就會跟著哭，心柔軟得一碰就化。我這一招假哭，有點恃愛行凶。

　　下次不用了。

8

　　週末夜晚固定節目，媽媽要躺在姐妹兩個中間聊聊天。

　　黑暗中姐姐問：「明明是太陽晒我們，為什麼要說晒太陽？」

　　咦，對哦，我回答不上來。

「這個，省略了被字的被動語態吧。」我胡亂回答。

妹妹插不上嘴有點著急，她黑暗中坐起身：「媽媽，姐姐，我也有一個問題。為什麼不能吃藕？」

姐姐說：「哎呀，這個好簡單。」

「妳不許說，媽媽說！」妹妹翻身過來搗住姐姐的嘴。

「可以吃藕啊。」我說。

「不能吃！」姐妹異口同聲。

「那是為什麼？」

「因為，吃藕會變醜。」

「怎麼可能！」

「哈哈哈，真的，吃 —— 藕 —— 醜！」

妹妹已經笑成一團鑽回被窩。我突然反應過來，妹妹一年級，正在學拼音。

9

妹妹生日這天，我帶姐妹兩個去明月櫻園吃午飯，按照妹妹的要求點了炒土豆絲和回鍋肉，等菜的時候她們說先去屋頂上玩一玩，然後就出門去了。

菜上來了，我對著屋頂喊：吃飯啦，快下來吧。沒人回應，跑出去看屋頂上沒人，屋前屋後轉一圈找不到人，回餐廳，兩個小人捧著一堆枯草小心翼翼進屋來了。

「媽媽，快看，鴿子蛋。」妹妹說得很小聲，就像枯草中央這個鴿子蛋正在睡覺，她怕打擾了。原來她們剛才去了鴿舍。

「媽媽，我們帶回家孵小鴿子吧。」姐姐說。

這時英姐走了過來：「運氣好啊小素，不如我們把鴿子蛋煮了當生日禮物給妳吃吧？」

妹妹一噘嘴快哭了。英姐說：冬天的鴿子蛋孵不出小鴿子的，它現在還沒有生命呢。

又東說西說，我也幫忙解釋了半天，妹妹終於接受了。英姐把蛋交給廚房裡的阿姨，還囑咐小心，別煮破了。

這下回鍋肉和土豆絲也不吃了，妹妹守在廚房門口張望，一直等著煮熟的鴿子蛋遞到她手裡。

「小心點剝。」姐姐提醒妹妹。

「姐姐妳來吧，我剝不好。」

姐姐接過鴿子蛋，在碗的邊緣輕輕敲了兩下，蛋沒裂開。我說多用點力，她又敲了兩下，還是不行。「媽媽妳來吧。」

雙手接過鴿子蛋，在桌上敲了兩下，敲不破，捏在手裡仔細端詳，哎呀，是塑膠的！

一旁的英姐恍然：是個引蛋，我怎麼沒想到呢！

意思就是，英姐為了鴿子們能把蛋下在指定的地方，不久前專門買了長得以假亂真的假蛋騙鴿子，沒想到鴿子們沒上當，倒把所有人都騙了，包括英姐自己。

10

　　小素睡前說：「媽媽，我長大到底應該做什麼啊？」

　　「做妳喜歡的事情就好啦。」

　　「我就是決定不了嘛。想當科學家，但是擔心發明不出人們都能用的魔法。想當探險家，但是恐龍的骨頭好難找啊。想當太空人，但是不確定是不是總要待在太空裡不回地球。想當總統，但是我都當總統了，還怎麼跟我們班的 Lusas 結婚啊。」

　　「呃，還真是挺麻煩的呢。」

　　「其實我最想當的是公主，但妳又不是女王，所以我長大了肯定不能當公主。」

　　「還真是呢。」

　　「啊，我想到一個辦法啦，我長大了當女王，然後我把女王送給妳，讓妳當女王，這樣我就是公主了耶！」

11

　　下班回家，姐妹兩個堵在門口，屁股對著大門跪在地上，面前是一個玻璃花盆，花盆內兩隻小拇指大的魚游來游去。姐姐正在一張紙條上寫：請勿觸摸。寫好了妹妹接過來用透明膠帶黏在花盆上。貼好了，兩個人端著花盆開始移動，不敢大口呼吸，直到放穩在客廳桌上。

　　魚是從樓下池塘裡撈回來的，姐姐說撈了一小時。我湊過去看了看說：摸都不能摸，那妳們怎麼幫小魚換水？

　　姐姐一聽有道理，又找來一張紙條寫了補上去：工作人員可觸摸。

　　晚飯後路過花盆，看見兩張紙條下又多了一張，這張寫的是工作人員的姓名 —— 她們兩個人的名字。

　　這一個晚上，兩位工作人員替小魚換了三次水。

　　第二天早上，妹妹還在睡覺，我走進客廳看見姐姐坐在地上抽搐，見了我，喊一聲「媽媽」就哭出聲來。「我們怕小魚夜裡會冷，最後一次幫牠們換的是溫水。」她一邊哭一邊說。

　　我把姐姐抱在懷裡，都不忍心往花盆那邊看了。

12

　　傍晚，門鈴響了，我開門，三個小男孩站在門口。站在最前面那位個子最高的我見過，是這社區裡和妹妹一樣大的小鄰居，都上一年級，但是不在同一個學校。

　　小鄰居雙手捧在胸前，輕腳邁進屋，另外兩個男孩以同樣的步伐緊隨其後。站在最前面這位慢慢打開手掌，一隻灰色小鳥露出半截身子。後面一位圓腦袋男孩開口了：「阿姨，聽說妳很專業，是不是？」

　　「我們在樹下撿到這隻鳥，牠飛不起來了，需要找一個專業的人照顧它。」另一位補充。兩位都把音量放得很低。

　　我是不是專業的呢？這個問題不太好回答。我也跟著小聲說：「我家養了兩隻鳥，目前還活著……」

　　「我家就是專業的！」聞風而出的妹妹打斷了我，她剛才在裡面。

　　「那就太好了，給妳們。」男孩笑瞇了。

　　「走，跟我去陽臺。」

　　四個小孩護送小鳥去了陽臺，他們打開鳥籠，把小鳥放進去，圍觀了好久才離開。來到客廳：「啊，妳們家好高尚啊！」高個子男孩環顧了客廳四周說，這次聲音很大，其他兩位也一起附和。

第二天早上，妹妹打開鳥籠，小鳥咻溜一下飛走了。她呆了一下，見我在旁邊，眨了眨眼說：我就說我們很專業嘛。

13

丹麥旅行途中，有一晚姐姐臨睡前講了一個鬼故事給妹妹聽。自那天起，妹妹再也不敢一個人在一張床上睡覺了，她說：我眼睛一閉就能看到鬼。原本我們母女三人住雙人房加床的，這下床也不用加了，妹妹天天和我擠。

回到家裡，把分開了一年多的兩張小床合攏，每天晚上我都得躺在姐妹倆中間，妹妹拉著我的手睡著了，我再爬起來做自己的事。她們九點半入睡，我捨不得這麼早就睡了。持續好幾天，每天晚上妹妹都說：媽媽，這是最後一次了，明天我就不要妳陪。但還是每天要我陪。

有一晚臨睡前，我走到妹妹床邊說：「我做一個晚安儀式，這個晚安儀式會發出神奇的能量，幫妳趕走鬼。」說完我在原地轉了兩圈，兩隻手在空中揮舞了兩下，抓住一個看不見的東西很小心捧過來放在妹妹胸口上，同時親了一下她的額頭。然後我說：「好了，現在沒有鬼了，睡吧。」

她果然就自己睡了。

14

中午在一田家吃飯，小披薩進門就去餵她家的倉鼠吃菜葉，我們在一旁聽說了一件發生在倉鼠身上的本年度最殘酷的事情。

一田爸爸買了一對倉鼠給一田，養了沒多久生下七隻小倉鼠。一田媽媽上網查了後得知，公倉鼠會吃掉自己的小孩，所以趕緊隔離了公倉鼠。

沒想到隔離錯了，把母倉鼠和牠的七個孩子分開，公倉鼠和小倉鼠共處一室。結果就是，七隻小倉鼠全沒了。「可能是沒奶吃餓死的，也可能是活著就被爸爸吃了。」

聽得我全身起雞皮疙瘩。然而悲慘的還在後面。

這對倉鼠後來又生了一窩，這次沒隔離錯，但是小倉鼠長到二十多天的時候，一田媽媽又去上網查，看到有人說，小倉鼠長大一些之後也不能和母倉鼠待在一起，母倉鼠會吃掉自己的孩子。一田媽媽準備當晚就隔離小倉鼠和母倉鼠，但是她下班回家發現，就在這一天，母倉鼠把自己的小孩全吃了。

我們今天去的時候，籠子裡只有一隻倉鼠，我壯起膽子問一田媽媽：「本來是一對的嘛，另一隻呢？」

「不久前全家出門幾天，回來就只見這一隻，另一隻也不知怎麼死的，也不太清楚這一隻是公的還是母的。」

15

晚飯後大姐姐建議玩交換祕密的遊戲，她先說了一個祕密：她和班上一個男生親嘴了。我「啊」了一聲，她補充：不是專門親的，是同學們推來推去，他倆碰到一起，正好碰到了嘴巴。我鬆口氣，但還是忍不住問她：碰到的時候是什麼感覺？她說沒感覺。

我說：很好，我們做一個約定，以後妳有祕密的時候都跟我分享好嗎？她答應了。

這時二姐姐湊了過來，說她也有祕密，先說第一個：上個星期買的那隻烏龜死了。

因為爸爸以前說過，要是烏龜都養不活就別再想養別的小動物，所以她把屍體扔垃圾桶裡了（因此造成烏龜只是失蹤了的假象）。

緊接著她又說了一個：桌上那盆冬青，太好看，她很想吃，就摘了一顆紅果實嘗，沒想到很苦。

姐姐這時又想起一個祕密，但她只跟我說，不要妹妹聽，妹妹非要聽，姐姐就不講了。所以，交換祕密的遊戲以妹妹氣哭十分鐘作為結束。

而她們竟然都忘記了問我的祕密。

16

　　停電，找來家裡大大小小的香氛蠟燭點上，冬天傍晚六點半的廚房，一點一點閃爍的光芒，房間慢慢微亮起來。

　　「好黑啊。」姐姐說。

　　「還好啦，媽媽像妳妹妹這麼大的時候天天都這樣，我是從沒有電的日子裡過到今天的呢。」

　　妹妹問：「沒有電，那有手機嗎？」

　　「沒有沒有，需要用電的一切都沒有。那時候媽媽和外公外婆住在山村裡，到了晚上我們就點蠟燭，就像現在這樣。嗯，再早一點的時候，蠟燭都沒有，點煤油燈，有的小朋友家裡窮，連煤油燈都沒有，從山上找來一種樹枝，我們叫明油枝，點燃了就能照亮房間。」

　　「那後來呢？」姐姐用聽故事時最常用的一句話追問。

　　「後來呀，就有電了嘛。不過一開始總是停電，就像今晚這樣。上國中的時候我好喜歡停電，因為這樣就不用上晚自習了。」

　　妹妹聽完一把拉我到旁邊：「媽媽，我告訴妳個祕密，我今天翹課了。我不想上數學課，就假裝走錯了教室，去隔壁班裡躲起來。」

　　「哎呀，隔壁班的老師沒發現多了一個同學？」

「沒有，老師當時在電腦前忙碌，那個班的同學自己在玩，我在門後蹲了很久。後來我怕嚇到他們，就悄悄回我們班的教室了。」

呃，這麼說來，也沒翹課多久。我鬆一小口氣，說：麵快煮好了，一起來準備燭光晚餐吧。

17

在送小練去學校的車上，和她一起聽〈歲月〉，聽到一半，她說：媽媽，我覺得那英的聲音很像妳。我說：可是我更喜歡王菲呀。她說：嗯，那英的聲音很明亮，王菲的是……是柔潤。不一樣，都喜歡。

我有點小吃驚，這個九歲小女孩說「柔潤」。

我問她：「妳想聽她們二十年前的歌嗎？」「想。」

車裡響起了〈相約一九九八〉：「來吧來吧，相約九八，相約在溫柔的春風裡……」突然有些恍惚，抬起頭嘆一口氣，那年我十八歲。

「媽媽妳怎麼了？」

「沒什麼，還想聽王菲的女兒竇靖童唱的歌嗎？」「想。」

搜到竇靖童的 May Rain，三首歌輪番播放。

「都好聽，不過我最喜歡的還是竇靖童。」

八點五十分，我們停好車往學校走，春夏之交，她穿一條裙子露出小腿。走了一下子她低頭看了看，抬頭說：「媽媽，我不開心，腿上的汗毛太多了。」

　　「我覺得很好看啊。」

　　她還是堅持說不好看，並說全班女生只有她一個人汗毛最多，腿還粗。

　　走到校門口的時候她突然停了下來，拆下綁頭髮的橡皮筋，擺擺頭，又黑又多的頭髮披在肩上。

　　「這下好了，他們都會看我的頭髮，就沒人注意腿上的汗毛了。」

　　她背挺得直直的，薑黃色襯衫紮在黑色百褶裙裡，說聲再見頭也不回走進校園了。

　　我趕緊掏出手機對著她的方向，在這溫柔的春風裡，記下這個平常而珍貴的早晨。

第五章　碎日子，不記下來就忘了

第六章
養育問答

我們先把自己做好，然後再去愛孩子吧。孩子也希望看到一個獨立的媽媽，而不是看到媽媽為了自己放棄一切。

Q01 您的大女兒飽讀詩書，能背誦《大學》、《中庸》、《論語》、《孟子》等文化典籍，請問您平時是如何引導孩子閱讀的？

A 「飽讀詩書」這件事完全是孩子自己和她爸爸的功勞。大女兒每週日會在一位朋友開辦的讀經典學堂學習半天，其他時候都是在爸爸的引導下讀一些文化典籍。爸爸自己每天早晨六點起床讀書，一個小時後再督促大女兒起床讀，後來妹妹也加入了讀書的隊伍。

語文不像數學，不必懂了才教。智慧的文字先儲藏，再經過長時間的醞釀，最後就能運用。兒童正處於記憶的黃金時期，他們的天性是記憶而非理解，是吸收而非表達，童年是學習經典的最佳時期。

大女兒小練今年十歲，已經全文背誦《大學》、《中庸》、《論語》、《孟子》，還有《唐詩三百首》，還錄影了，背《孟子》的時候坐在那裡一刻不停歇地背了三小時。妹妹也全文背誦了《大學》、《中庸》以及《唐詩三百首》。

姐妹除了學鋼琴（姐姐）、樂高（妹妹）和讀經典，沒有再上別的才藝班。對於讀經典，一開始我是無知的，只因為身邊有包括孩子爸爸在內幾位身體力行的人，把帶領孩子讀經典當作畢生熱愛。因為對他

們這些人的相信，才放心把孩子交給他們。

　　至今我也是無知的，只是兩個小女孩身上發生的變化讓我覺得這是一條值得堅持的路。有經典浸潤的她們：

1. 擁有很強的專注力，玩的時候很投入地玩，學習的時候也很投入地學習。

2. 愛上了閱讀這件重要的事，十歲姐姐現在讀《西遊記》原著，說比背《孟子》簡單多了，好玩多了。六歲妹妹是班裡的「學霸」，所有故事書都不需要大人帶讀，還可以讀給班上同學聽。給她一本書，她可以一個人在角落裡待上兩小時，和姐姐一樣，已經讀完媽媽寫的那本《遠遠的村莊》，能講出每一個細節（姐姐已經讀完媽媽寫的五本書）。

3. 相對經典學習，學校課程對她們來說實在輕鬆，我從沒有因為輔導家庭作業焦慮過（包括英語、數學在內）。

　　以上三點是一個對讀經典所知甚少的人最直觀的看見，老師們說，這三點實在太簡單了，還有更多累積會運用在她們長長的人生路上。

　　孩子們除了經典以外的閱讀，基本上不用刻意引

導，我能做的也就是自己在讀。家裡客廳沒有電視，其中一面牆是頂天立地的大書架，從下往上數，前三格是三個孩子的書，上面的才是我和孩子爸爸的。書櫃前是一張長條書桌，很多時候全家人都在這裡消磨時間。大人讀書，孩子也讀。他們要玩，我們也不干涉。但是大人對讀書的熱愛還是無形中對孩子有影響吧。

所以如果要問「如何引導」，那我只有一個辦法：做給孩子看。

Q02 自然教育如今是一種時尚，您經常帶著孩子去鄉下，讓孩子親身去體驗大自然，在平時的生活中，您是如何進行自然教育的？

A 我覺得孩子跟自然有天然的連接，他們會對花、草、小動物有自然的親近和好奇，我會有意識地保護他們的好奇心。城裡的家有一個陽臺小菜園和一個小花園，這兩個地方是我和孩子們的天地，我們一起勞動是很美妙的。雖然有的時候小朋友在，大人做事會很麻煩。比如昨天，我三次試圖澆水，分別被三個孩子搶走了噴頭。因為那個澆水用具是新買的，比較好玩。但除了大姐能把水澆好，兩個小傢伙都是在胡亂噴水玩，

弟弟甚至把水槍對準我噴。當時我會有點煩躁，事後想想也還是挺有趣的。

姐妹倆從小對種子好奇，經常想在我們家裡種上櫻桃、西瓜、鳳梨、芒果……有些是可以的，有些因為氣候等原因不可能長出來，但我會說，妳們可以試試。

妹妹最愛的一份生日禮物是我送她的含羞草，手一摸就倒下那種。但是她天天摸，隨時想摸，結果含羞草死掉了，她就很難過。我告訴她，妳愛一樣東西，應該用它喜歡的方式去愛。

如何對孩子進行自然教育？所以我還是只能回答：妳自己要真的也喜歡自然並享受其中。

Q03 您在「做一個過得去的媽媽」的分享時說，不太贊成看太多育兒書，書本的道理、知識都是死的，但養孩子是活的，您是如何活用書本裡的育兒知識的，如何把書裡的硬道理變成自己的呢？

A 因為這些書讀得不多，所以我也不太知道書裡有哪些硬道理。更多時候，我還是在用直覺去面對孩子吧。生活裡，我也不是一個喜歡講道理的人，包括近來的寫作，也盡力少講道理，多擺事實。育兒首先是育己，

我把我自己塑造好，成為一個在孩子面前強大又溫和的人，給孩子穩定感、幸福感，我覺得這個比我懂得很多道理更重要。

若真有育兒的道理，那我覺得這些道理也是藏在無數經典的文本裡的，比如前面提到的古文經典。我覺得在這些人類文化寶庫裡，道理早就講盡了。要想懂「理」，我們去讀古今中外的經典就好了。

Q04　三個孩子的性格、脾氣各有不同，您是如何看待這種不同，在日常生活中又是如何融合他們之間的關係的？如果孩子之間發生矛盾，您是如何化解和處理的？

A　三個孩子那麼不一樣，這是每次想到就覺得很不可思議的事。我也是因為看見這種不同，從而對生命多了更多敬畏。每個孩子好像都是上天派來的，只是經由我的身體來到世間。紀伯倫那首詩寫得好：你的孩子不是你的孩子，他們是生命對於自身的渴望而誕生的孩子。

三個孩子幾乎每天都在發生矛盾，尤其是兩個姐姐，年齡只相差兩歲多，摩擦在所難免。這對他們來說不是壞事，生命正是因為和外部世界的碰撞才慢慢成長的。老實說，我不是一個擅長化解矛盾的人，而

且因為我是他們的媽媽，他們常常需要我扮演「法官」的角色，來判定誰對誰錯。但我不喜歡當法官，而且很多雞毛蒜皮的小事，哪有那麼多對錯。通常，他們發生矛盾，或者在我覺察到即將發生矛盾的時候，我會悄悄溜走。

事實證明，沒有大人在的時候，他們的矛盾沒有那麼多。即使有，他們自己也能夠處理好。反倒是有大人在，每一個孩子都想爭寵、撒嬌，努力證明自己的正確，矛盾就會被放大。

不要小看孩子，他們自己的世界也是一個巨大的宇宙，有他們自己的規則，讓他們在碰撞中形成相處的模式，我覺得家長不要過多參與。

當然，也要注意那種原則性的對錯，雖然大多數時候到不了這一步，但總還是有大是大非的時候。這個時候，父母必須要成為一個強有力的存在，支撐孩子。

Q05 孩子發脾氣怎麼辦，您是如何對待孩子的壞脾氣的？平時又是如何照顧孩子的情緒的？

A　孩子發脾氣的時候，首先不要被孩子的壞情緒帶走，也不要總想幫孩子馬上從壞情緒裡走出來，而是給孩子一個情緒穩定期，等待他。同時，我會讓孩子感覺

到，對於他現在的處境，我感同身受，也就是接納他的情緒吧。

其實孩子和大人一樣，都知道壞情緒是不好的，人在壞情緒中最容易做出不好的事情。但當下那一刻，要很清楚地了解到這一點又是很難的。

有一本書叫《傑米的冷靜太空》，是說有個叫傑米的小男孩，他為自己建立了一座「冷靜太空」，學會了控制自己發脾氣的方法。推薦媽媽們和孩子一起讀。

Q06 您重視開發孩子的天性嗎？如何開發，如何培養孩子的愛好？

A 孩子的天性不太需要開發，應該說「保護」更好吧。我在這方面沒有太多企圖。孩子長這麼大了，我也並沒有發現他們三個身上有哪些異於常人的特質。他們當然比我優秀，但也沒有優秀到多麼了不起的地步。我甚至覺得，這個世界絕大多數看起來了不起的人，其實都和妳我一樣普通。

孩子如果有喜歡的愛好，我會支持他們去學習，但也會告訴他們「學習」這件事本身不是僅憑愛好就可以支撐的。學習的過程可能很枯燥，需要很大的毅力和堅持，最後才能抵達這個愛好帶給妳的快樂。

Q07 都說您是生活美學家，那您重視孩子的美學教育嗎？您在日常生活中是如何對孩子進行美學教育的？

A 嗯，我非常重視讓孩子感知「美」的存在，甚至在替孩子們選學校的時候，第一個條件就是這所學校的校園環境美不美。我相信一個懂得美、欣賞美、能夠發現美的孩子，其他方面一定壞不到哪裡去。我們常常說真善美，把美排在後面，但是，美的，一定也是真的和善的。

對孩子的美學教育，並不是要講多少課，而是盡力營造一個美的環境。比如家裡的布置，爸爸媽媽的衣著，吃飯選用的餐具，全家一起看的電影……美這個東西很難單獨抽出來看，生活中點點滴滴對美的實踐，包括一個人走路的姿態，說謝謝時專注的表情，這些都包含著美。

還是那句話：做給孩子看吧。

Q08 　真想知道家裡有三個寶寶的人，是如何平衡對三個孩子的愛的？他們會爭著搶著和媽媽在一起嗎？他們會對媽媽的愛吃醋嗎？

A　不久前姐姐問過我：媽媽，我們三個孩子，妳最愛誰？但她這麼問的時候，是在平常聊天閒談中，很隨意地說起，並不是非常「嚴重」地問。我的回答也是很輕鬆的方式：哦，這個問題，我還沒仔細想過呢，妳覺得呢？她說：我覺得應該都差不多吧，只是弟弟年齡小，妳關心他就要比關心我和妹妹多一點。

　　妹妹對這個問題就比較「嚴重」，她有時候會覺得弟弟的到來搶走了媽媽對她的愛。我跟她鄭重地談過，我說：媽媽對每個孩子的愛是一樣的，多一個弟弟，並不是要分走媽媽的愛，而是，因為有了弟弟，媽媽的心裡會長出一種新的對弟弟的愛。每一個孩子，都會擁有媽媽給予的對這個孩子的全部的愛。

　　我這麼說的時候，她是能聽懂的。

　　而且，我也認真地問過自己，真的是給每個孩子相同程度的愛嗎？答案是完全肯定的。所以，我也就不焦慮在日常生活中對三個孩子的具體的愛的平衡了，就自然而然地面對他們，自然而然地去愛。有時候看起來對某個孩子傾注了更多的時間，但那是因為

這個孩子這個時期確實需要更多的關心。

　　不要小看孩子，如果妳真的平等地愛他們，他們一定能感覺到。偶爾的爭風吃醋只是生活中的小插曲，為生活增添調味料而已，沒有那麼嚴重。

Q09 當爸爸媽媽對孩子的養育方法出現分歧時怎麼辦？

A 分歧在所難免，每個人都帶著自己的經驗和人生在面對孩子。但我們的做法是在孩子面前盡力保持一致。如果當下某一點有分歧，兩個人盡力做到互相妥協，事後溝通，形成統一看法。

　　我們也偶爾會有在孩子面前衝突的時候，但不是那種嚴重的、原則的衝突，也就沒什麼了。比如孩子爸爸會嚴格控制孩子們吃零食，但我呢，自己就喜歡吃零食，這一點孩子們也知道，所以他們在我面前就會比較放肆，在爸爸面前就會有所收斂。這些都不是多大的事，只好拜託孩子爸多多擔待啦。

　　說到這裡，要特別感謝孩子爸爸，他為孩子們付出很多，也對我包容很多。

Q10 **請分享一下身為媽媽最開心和最難受的時候。**

A 我自己在沒有成為媽媽之前，覺得一個到了三十歲的女人，年齡就很大了。當我有了孩子以後，我再也不會恐懼年齡。很多人說，孩子讓女人失去自我，但我卻覺得，孩子讓我找到了自我，當我用孩子的眼光看世界，當我以一個母親的眼光看世界，一切都不一樣了。

　　要說難過的事情，孩子本身並沒有給我帶來很難過的事情。只是說有了孩子以後，更容易看到一些不公平或「黑暗」的事情，對那些東西會更敏感。原來沒有孩子之前，覺得外部世界和我沒有多大的關係，但做媽媽後，妳總希望社會變得更好，希望孩子們長大後能生活在一個更好的世界。那怎麼辦？就自己也努力讓世界變得更好吧。

Q11 **如何平衡好做自己和養育孩子之間的關係？**

A 這個問題很少有人問一個爸爸，好像養孩子天生就是女人的事，男人們只需要做自己。這個問題也讓我想到，在我的父輩們養育我的那個年代，生活條件那麼艱苦，但大多數人都還是要孩子。那時候養育這個事

情好像沒有現在普遍的焦慮。為什麼現在的人條件更好了，反而變得更焦慮？

　　這種集體性的焦慮是很可怕的，一個有定力的人應該從這種焦慮中抽離出來。我常說，我們要做什麼樣的媽媽呢？做六十分的媽媽吧，做一個過得去的媽媽就好了。當然我們要掌握基本的養育知識，有生理心理上的準備，但面對一個具體的孩子，我們反而要放輕鬆，不要把所有精力都放在孩子身上，有一天孩子會長大，妳還是得回來做自己啊。

　　我們先把自己做好，然後再去愛孩子吧。孩子也希望看到一個獨立的媽媽，而不是看到媽媽為了自己放棄一切。拜託，那種相互捆綁的人生我們再也不要繼續下去了。從我們這一代開始吧，我們讓孩子過自己的人生，我們也要過自己的人生。

　　「做一個過得去的媽媽就好。」我總是這樣勸慰那些希望成為完美媽媽的女性朋友。要心安理得地接受「我是一個不完美的媽媽」的事實。除此之外，還要心安理得地休息，安排獨處的時間，熱愛這個「熱愛自己」的自己。

　　媽媽有屬於自己的時間，在靜默和沉思裡獲得滋養，也才能給孩子給世界從容的微笑。我們養育孩子，也培養自己。

跋

為另一個生命負起責任，有了盔甲也有了軟肋
── 最為珍貴是平常

2020 年 1 月 28 日，新冠肺炎正在全國蔓延，新聞裡通報新增確診患者 1,459 例。

全家人足不出戶第五天，冰箱裡早就囤了足夠吃很長時間的蔬菜，下午準備晚餐發現米快沒了，出門買米。

在家門口的馬路上沒碰到半個人，車也少，轉彎往超市走，十字路口有兩三人行色匆匆。一位阿姨沒戴口罩，邊走邊打電話：哎呀，買什麼嘛，都是口罩商為了賺錢。後面還說了什麼沒聽清楚，走遠了。我心想，電話那頭應該是焦急無奈的年輕兒女吧。迎面走來一位七十多歲的爺爺，倒是戴著口罩，突然停下腳步，咳了幾聲，摘下口罩往地上吐口痰，又戴上繼續走起來。

超市裡店員和顧客的人數差不多，大多數戴了口罩，沒人說話，寂靜得怪異。記得上次來這裡是大年二十九，人聲鼎沸，超市廣播一直響著拜年音樂，也就幾天時間，似乎是很遙遠的事情了。超市內物資豐富，在一大排擺滿各種稻米的貨架上，我挑了一袋泰國香米，又想起該給孩子們燉銀耳

跋

湯，買了一袋銀耳，順便看看蔬菜專區，該有的都有。

回家路上聽見有人在馬路對面叫我，轉頭看是小練同學的爸爸，正帶著孩子牽著狗往公園方向走。我們戴著口罩隔著馬路大聲聊了一下天，他說取消了全家人泰國度假的行程，我說我們原計劃的回老家過年也取消了。臨別時互道珍重。

轉身的時候突然想，作為歷史洪流中微小的個體，這次疫情是這輩子經歷的大事件啊！

在即將滿四十歲的年齡裡，很多感受和以往不同了。災難如此直接和突然，我們原以為那種固若金湯，甚至有點乏味無聊的生活，頃刻間就可能煙消雲散。另一方面，此前不會進入自我世界的一些詞，比如「人類命運共同體」，現在確切地展示了它的真實和意義。如一位朋友所言：「我們都在這條船上，且這條船的名字不叫諾亞方舟。」疾病面前，人類軟弱和脆弱的一面暴露無遺。

當年 SARS，現在只回想起來一個場景：盛夏的中午，坐在公車上，車裡只有我一個乘客。那時大學畢業沒多久，覺得病毒距離自己無比遙遠，不在乎傳染不傳染，也不怕死。

2008 年汶川地震時，我是一名新聞節目主持人，在餘震中連續工作，出了直播間就進災區，什麼都不怕，只是連續

一週不敢洗澡，心裡想的是：要是洗澡遇到大的餘震，光著身子死去有點難看。不怕死，只怕死得不好看。

十多年後的今天，竟然如此珍惜活著，這當然是因為做了媽媽。

當一個人為另一個生命負起責任的時候，怕死，不敢死。有了盔甲也有了軟肋，就是那句話：心有猛虎，細嗅薔薇。

回家，為孩子們做了他們最愛吃的「黑三剁」，一道前年在雲南吃過就念念不忘的菜。透過窗戶看到鄰居家兩株紅梅開得正豔，小區裡幾棵玉蘭也鼓起了花苞。大自然一直在按它自己的節奏往前走，冬去春會來，花謝還會開。非常時期，最為珍貴的是「平常」，微小的個體能做的也就是努力過平常生活吧。

人逢大事，要有靜氣。

因此，就在這個晚上，在孩子們陸續進入夢鄉之後，我打開檯燈開始了這本書的整理和寫作。

寧遠

於 2020 年 1 月 28 日晚

電子書購買

國家圖書館出版品預行編目資料

愛與平常：一位媽媽的育己書，做一個「過得去」
的母親就好 / 寧遠 著 . -- 第一版 . -- 臺北市：崧燁
文化事業有限公司 , 2023.07
　　面；　公分
POD 版
ISBN 978-626-357-414-4(平裝)
1.CST: 母親 2.CST: 女性心理學 3.CST: 生活指導
544.141　　112008186

愛與平常：一位媽媽的育己書，做一個「過得去」的母親就好

臉書

作　　　者：寧遠

發 行 人：黃振庭

出 版 者：崧燁文化事業有限公司

發 行 者：崧燁文化事業有限公司

E - m a i l：sonbookservice@gmail.com

粉 絲 頁：https://www.facebook.com/sonbookss/

網　　　址：https://sonbook.net/

地　　　址：台北市中正區重慶南路一段六十一號八樓 815 室

Rm. 815, 8F., No.61, Sec. 1, Chongqing S. Rd., Zhongzheng Dist., Taipei City 100, Taiwan

電　　　話：(02)2370-3310　　傳　　　真：(02) 2388-1990

印　　　刷：京峯數位服務有限公司

律師顧問：廣華律師事務所 張珮琦律師

定　　　價：250 元

發行日期：2023 年 07 月第一版

◎本書以 POD 印製